JN418069

이 책을 통해 사랑하는 ______________님의

삶에서 '웃음'과 '감동'과 '용기'가

톡톡톡 솟아나길 기원합니다.

talk,

지은이 | 김이율
초판 1쇄 발행 | 2011년 12월 20일

발행처 | 도서출판 작은씨앗
공급처 | 도서출판 보보스
발행인 | 김경용

책임편집 | 이재두

등록번호 | 제300-2004-187호 등록일자 2003년 6월 24일

주소 | 서울시 서초구 서초동 1455-17 서초대우디오빌 1008호
전화 | (02)333-3773 | 팩스 (02)735-3779
이메일 | ky5275@hanmail.net

ISBN 978-89-6423-133-3 13810

값은 뒤표지에 있습니다.
잘못된 책은 구입하신 서점에서 바꾸어 드립니다.

이 도서의 국립중앙도서관 출판시도서목록(CIP)은 e-CIP홈페이지(http://www.nl.go.kr/ecip)와 국가자료공동목록시스템(http://www.nl.go.kr/kolisnet)에서 이용하실 수 있습니다.(CIP제어번호:CIP2011005174)

눈에서 '눈물' 대신 '기쁨'이 톡,
가슴에서 '원망' 대신 '감동'이 톡,
어깨에서 '좌절' 대신 '용기'가 톡,

talk,

김이율 글 · 사진 | 김용희 그림

머리에서 가슴까지 가는 길이 가장 멀다고들 말하지만…

내 이름은 '크크봉'

오늘도 꼬리에 꼬리를 문 고민거리들이 깊은 밤을 향해 끝닿는다.
변한 건 없지만 분명 새로운 날이 밝았고 새로운 삶이 시작된다.
한 번쯤은 잊지 못할 사랑도 하고 싶고,
한 번쯤은 가슴 뛰는 일도 하고 싶고,
한 번쯤은 세상의 중심에 서고 싶다.
하지만 매사가 뜻대로 되는 건 아니다.
그래, 모든 일이 내 뜻대로 다 된다면 사는 게
얼마나 재미없고 지루할까.
세상과 뒤엉킨 채 피터지게 치고받고 싸우고,
줄 건 주고 얻을 건 얻는 것, 그게 진짜 인생이겠지!

계절이 바뀌고, 바람이 지나가고, 꽃이 피고 지는 동안
우리들은 여전히 망설일 것이고, 주저할 것이고, 두려워할 것이다.
이 세상에서 가장 먼 것은 머리에서 가슴까지
가는 길이란 말이 있지 않은가.
하지만 오늘만큼은, 아니 지금 이 순간만큼은 그 말을 거역하리라.
때론 삐딱하게 서서 내 뜻대로 해 보리라.
왜? 우리는 젊으니까!
왜? 그 누구도 나를 만들 수 없으니까!
왜? 나는 나이고, 또 나이어야만 하니까!
그게 진짜 인생이니까!

툭툭 털자, 다 잘될 거야!

내 이름은 '브브링'

꽃 한 송이가 피기까지는 많은 시간이 필요해.
비바람을 이겨 낼 시간이 필요하고,
뿌리로부터 영양분을 끌어올릴 시간이 필요하고,
나비나 벌들과 친해질 시간이 필요하고,
햇살과 진지한 대화를 나눌 시간도 필요해.
꽃이 피는 순간, 사람들은 환호하고 행복해하지.
그런데 꽃이 시나브로 기운을 잃어 가고 고개를 떨어뜨리기 시작하면
그들은 하나 둘 사라지고 끝내 눈길조차 주지 않아.
어쩌면 꽃은 지는 그 시점에 더 많은 관심이 필요한지 몰라.
꽃이 활짝 피기까지 시간이 필요하듯 질 때도 시간이 필요하니까.

살다 보면 누구나 다 힘들고, 지치고, 당황스럽고,
눈물겨울 때가 있어.
그럴 때 필요한 건 오직 위로뿐.
어차피 내 스스로가 감당해야 할 몫.
내 인생 내가 만들지, 그 누구도 대신 만들어 줄 수 없어.
내 눈물의 의미를 나 외의 그 누구도 해석할 수 없고,
내 고민의 깊이를 그 누구도 정확히 잴 수 없으니.
다만 지금 우리에게 필요한 건 따뜻한 말 한마디,
잠시 기댈 수 있는 어깨, 내 말을 들어 줄 수 있는 열린 귀.
그거면 돼. 그 이상도, 그 이하도 아닌 딱 그만큼만.
그것만으로도 충분하니까.
아니, 그게 전부일지도 몰라.

contents

NO. TWO 두 번째, 그대 입술에서 '사랑'이 톡,

contents

세 번째, 내 심장에서 '그리움'이 톡,

네 번째, 우리 기억속에서 '추억'이 톡,

contents

다섯 번째, 너와 나의 얼굴에서 '행복의 미소'가 톡,

여섯 번째, 바쁜 일상에서 '쉼표'가 톡,

NO. ONE

첫 번째,

문 뒤에서 '희망'이 톡,

힘들면 기대고,
울고 싶으면 울고,
답답하면 소리쳐!

그렇게 한다고 해서
네게 뭐라고 할 사람 아무도 없어.

괜찮아!
너만 그런 게 아니야.

어찌 네 마음을 다 헤아릴 수 있겠니.
그래도 한번 내게 기대 봐.
어깨를 빌려 줄게.

한결 나아질 거야.

괜찮아,
넘어지면 어때

당신은, 당신이니까

넘어지는 것도 인생입니다.

한 번 넘어졌다고 낙심하지 마세요. 많이 넘어지는 사람만이 쉽게 일어나는 법을 배우는 법입니다. 살다 보면 지금보다 더 많이, 넘어질 일이 생길지도 모릅니다. 갈피를 잡지 못하고 마음이 흔들릴 때가 있을지 모릅니다. 그렇다고 축 처진 어깨로 앉아 있지 마세요.

다시는 일어날 수 없을 거라고 포기하지도 마세요.

놀라운 사실, 당신은 기억하십니까?

어린 시절 아장아장 걸음마를 배울 때 당신은 수도 없이 넘어졌습니다. 무릎이 다 깨지고, 이마를 땅에 박아 생채기가 나도 다시 일어났습니다. 넘어지고 일어나고를 하루 종일 반복해도 결코 지치지 않았습니다. 그리고 결국 어떻게 되었나요? 걸었죠. 한 발, 두 발, 세 발……. 아장아장, 뒤뚱뒤뚱 걸어갔습니다. 그러니 어차피 당신은 또다시 일어나게 돼 있습니다.

보세요. 당신은 이미 수많은 역경에도 절망하거나 포기하지 않고 멋지게 해냈습니다! 한번 한다면 기필코 해내는 게 바로 당신입니다! 기억나시죠? 당신의 몸속에 있는 세포 하나하나가 그 날의 승리를 기억하고 있습니다.

일어나세요.
지는 것도 인생입니다.

넘어진 자리가 끝이 아닙니다.

당신의 인생을 더 드라마틱하고 근사하게 만들어 주기 위해 신이 잠시 그런 상황들을 연출한 것입니다.

넘어진 그 자리가, 눈물 흘린 그 자리가, 포기하려 했던 그 자리가 새로운 출발점입니다.

시작하는 순간,
모든 일이 가능해집니다.
당신이니까 가능합니다.

당신이니까 해낼 수 있습니다.
당신은, 당신이니까!

브브링

식후 30분씩 그리워하기

머뭇거리거나 행동하거나

노란색 비타민.

꼬박꼬박 챙겨 먹어야지, 생각은 하면서도 며칠 지나면 자꾸 잊어버립니다. 그러고는 이렇게 혼자 변명을 하죠. '까짓, 비타민 안 먹는다고 사는 데 지장이 있는 것도 아닌데 뭐…….'

그런데 그대는 반대입니다. '잊자, 이제 잊자' 다짐을 하는데도 하루해가 지기도 전에 다시 생각이 납니다. 혼자 지낸다고 문제 될 것도 없는데 왜 이리 지독하게 달라붙는지.

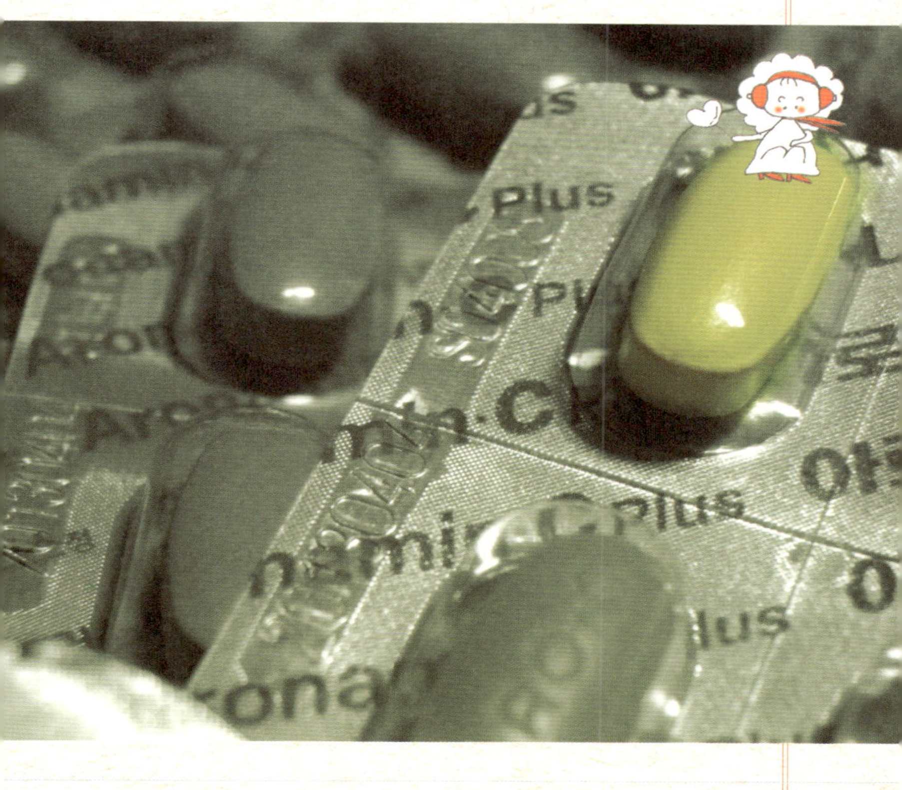

Plus
Plus

때늦은 그대 그리움.

그러고 보면 후회가 되는 것들이 늘 있기 마련입니다.

조금만 더 잘할 걸, 조금만 더 버틸 걸, 조금만 더 냉철히 생각할 걸, 조금만 더 전진할 걸……. 꼭 놓친 후에야 가슴을 치며 후회합니다. 왜 이렇게 늘 한 박자 늦는 걸까요.

지금 이 순간이 내 생의 최후의 시간이며 마지막 찬스라는 마음으로 살아야 하는데, 사람들은 늘 '다음번에'라는 말로 그 소중한 것들을 소홀히 대하거나 뒤로 미루어 버립니다. 다음이란 게 있을까요. 없습니다. 지금 이 순간, 한 번 지나가면 두 번 다시 오지 않습니다. 지금 이 순간, 바로 지금만이 존재합니다. 하지 못한 말, 하지 못한 일이 있다면 지금 해야 합니다.

어쩌면 누군가에게는 주저하고 망설이는 지금의 당신 모습이 마지막 모습으로 기억될 수도 있습니다. 어쩌면 당신의 진심을 끝내 알릴 수 있는 기회를 영영 놓쳐 버릴 수도 있습니다. 그러니 지금 생각나는 대로 움직이고, 마음 가는 대로 전하세요.

꼬박꼬박 잊지 않고 챙겨 먹는 노란색 비타민처럼,

잊지 말고
미루지 말고
망설이지 말고
지금 당장!

아프지마, 아픈 게 제일 나빠

아낌없이 주는 사랑

우리 몸속을 흐르는 혈액에는 백혈구가 있습니다.

그는 우리 몸에 나쁜 병균이 침투해 들어오면 그 침입자를 퇴치하는 일을 담당합니다.

그런데 백혈구가 침입자를 처리하는 모습이 참 인상적입니다.

"넌 왜 그렇게 더럽니? 넌 아무짝에도 쓸모없고 백해무익한 존재야!"

백혈구는 이런 식으로 병균에게 욕설을 퍼붓는 일도 없고, 무대포로 싸워서 무찌르는 일도 없습니다.

백혈구는 병균이 들어오면 그저 녀석을 넉넉히 감싸 안아 줍니다.

그러면 처음엔 기세등등하던 침입자가 차츰 백혈구에게 감화되어 스르르 녹아 버린다는 겁니다. 그렇게 백혈구는 지저분하고 흉측하게 생긴 병균을 제 몸이 썩어 들어가는 것도 아랑곳하지 않은 채 그렇게 감싸 안는다는 것입니다.

자신 있나요?

백혈구처럼, 상대를 넉넉히 감싸 안고, 자신의 가장 소중한 것까지 내어 줄 수 있는 여유와 아량. 말처럼 쉬운 일은 아닙니다. 사랑이 그리 쉬운 거라면 이 세상의 아픔과 눈물은 이미 모두 사라져 버렸을 테지요.

미움과 슬픔과 아픔과 증오마저도 결국 당신 안에서 그대로 녹아 사라지길 바랍니다.

바다 같은 마음,
당신 안에 그런 바다 하나쯤은 갖고 계시겠지요.

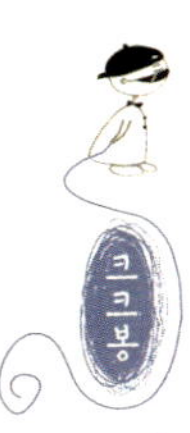

인생은 파도 위를 걷는 것과 같아

아프리카 부족민들이 강을 건널 때 돌덩이를 품에 안는 이유

잔잔한 물 위에 떠 있는 배 한 척.

찰랑거리는 물을 만나지 못한다면 배는 움직이지 않습니다. 파도를 만나야만 비로소 배는 움직이기 시작합니다. 사과나무 역시 마찬가지입니다. 사과나무는 비를 만나야만 열매를 키울 수 있습니다. 제때에 비를 흠뻑 맞아야만 비로소 달고 맛있는 사과 열매가 맺힙니다.

아프리카 대륙의 어느 부족민들은 강을 건널 때면 반드시 크고 무거운 돌을 머리에 이거나 가슴에 품는다고 합니다.

왠지 아세요? 강 중간쯤에 급류가 흐르는 터라 무거운 돌을 몸에 지녀야만 휩쓸려 가지 않기 때문이라고 합니다.

정도 차이지만, 누구에게나 인생의 짐이 있습니다. 그로 인해 누구나 때때로 힘들고 답답할 수 있습니다. 그러나 그러한 짐들은 아프리카 부족민이 강을 건너기 위해 짊어지는 돌덩이처럼 우리가 인생의 강을 건너기 위해 필요한 것들이며 과정인지도 모릅니다. 어느 정도의 고난과 역경은 오히려 우리의 삶을 더욱 값지게 만들고 인생을 지탱하는 힘이 되기도 합니다.

어느 날, 문득 힘겨운 일이 당신에게 찾아온다면 어떻게 하시겠습니까?

너무 불안해하거나 당황해하지 마세요. 이 세상에 궁극적으로 해결하지 못할 일이란 없고, 또 절대절망이란 것도 없습니다.

힘겨운 일, 그 또한 삶의 일부이고 머지않아 다 지나가기 마련입니다. 역경을 기꺼이 받아들이고 과감히 짊어지려고 노력해 보세요. 힘든 시기가 지나고 나면 당신은 오히려 더 큰 사람으로 성장해 있을 겁니다.

당신의 인생에 '긍정'을 더합니다.

첫 번째, 문 뒤에서 '희망'이 톡,

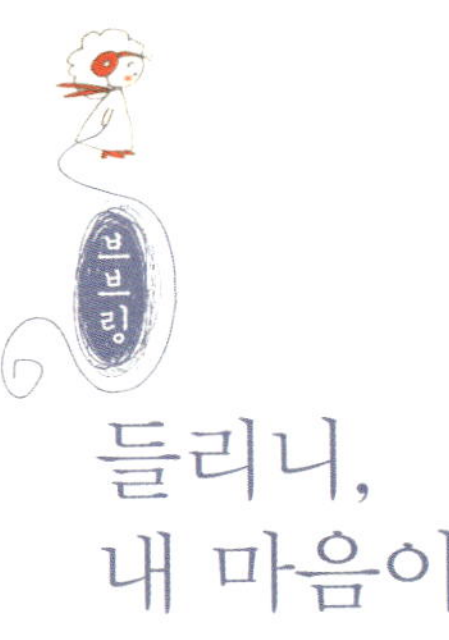

들리니,
내 마음이

흔들리는 것에 대하여

바람이 불 때마다 창문이 흔들립니다.

흔들리는 것들은 다 소리를 냅니다. 덜덜덜—. 소리 내며 흔들리는 창문 때문에 자꾸 신경이 쓰입니다. 그러고 보면 사람도 마찬가지인 것 같습니다. 흔들리면, 어김없이 소리가 납니다.

갑작스런 결별을 통보받고 주체할 수 없이 내 인생이 흔들린 적이 있습니다. 그때 내 마음 깊은 곳에서 소리가 났습니다.

꺽꺽—. 참을 수 없이 서러움이 터져 나왔습니다.

흔들리면 소리가 나는 게 또 있습니다.

한적한 암자의 처마 밑에 걸려 있는 풍경. 흔들거리며 딸랑딸랑 소리를 냅니다. 아, 저 풍경도 이별을 경험한 걸까. 그래, 그랬겠지요. 속세를 떠나 이 한적한 절간에 들어온다는 게 그리 쉬운 일이 아니지요. 우리가 알지 못하는 뭔가가 있을 겁니다.

그러고 보면 우리네 인생,
매순간 흔들리는 것 같습니다.

말은 하지 않지만 깊은 곳에서 소리 내며 사는 것 같습니다. 아픈 소리도 있고, 서러운 소리도 있고, 그리움이 묻어나는 소리도 있을 겁니다. 때론 그 소리로 인해 어깨가 처지고 발걸음이 무겁기도 할 겁니다. 그러나 그 소리 또한 분명 인생의 하모니를 만들어 내는 고귀한 소리일 겁니다.

흔들리며 피는 게 꽃이고 울면서 크는 게 새인데, 우리라고 뭐 다른 게 있겠습니까. 흔들리며 우는 것 또한 빛나는 우리 인생입니다.

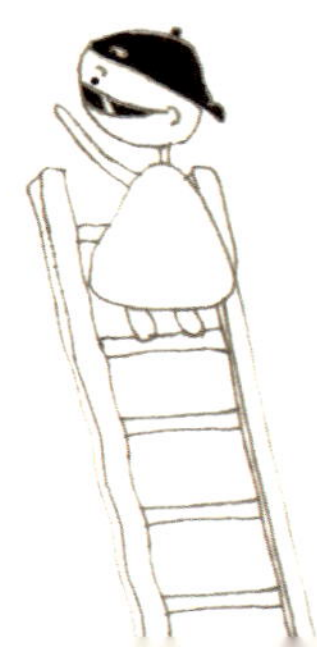

산사의 풍경에게

애쓰지 마라
굳이 잊으려고 흔들지 마라
어차피 상처란
바람에 감싸여 아물기 마련인 것을
더 이상 소리 내어 울지 마라

소쩍새도,
천 년의 서러움을 참다가
끝내 한 번의 울음을 토해 내거늘
그립다고 그렇게
심장의 끝자락에 눈물을 매달지 마라
겨울비는 소리도 없이 내린다
만남만으로도 아름답다면
이른 새벽에 핀 이슬처럼
안으로 안으로 삭이며 피어나거라
흔들리는 것들은 소리마저 눈물겹다

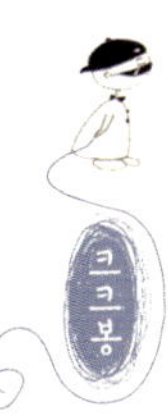

시계바늘을 거꾸로 돌리려 애쓰지 마

길포드증후군에 걸린 소년 이야기

'길포드증후군'이라는 의학용어를 아시나요?

'슬픈 희귀병'이라고도 불리는 이 병은 젊은 사람이 급격하게 늙어 버리는 끔찍한 병입니다. 달리 말하자면, 시간을 잡아먹는 병이지요. 몇 해 전, 우연히 TV에서 이 병을 앓고 있는 소년을 보았습니다.

소년은 겨우 열 살의 어린 나이임에도 피부가 쭈글쭈글하고 머리카락은 듬성듬성 빠져 있었습니다. 어른으로 성장하기도 전에 이미 노화가 진행된 것입니다. 친구들과 한창 재미있게 놀며 꿈을 키워 가야 할 나이에 소년은 벌써 죽음을 준비해야 하는 것입니다. 세상에 이보다 더 가혹한 형벌이 또 있겠습니까?

소년에게 하루라는 시간은 한 달과 마찬가지이고, 일 년은 십 년과 맞먹는 세월일 것입니다.

그러니 주위 사람들은 다들 소년을 애처롭고 안타까운 눈으로 바라봅니다. 한데, 정작 당사자인 소년은 우울해하지 않고 좌절하지도 않습니다. 소년은 환한 미소로 "제게 주어진 시간은 비록 짧지만 그래도 괜찮아요. 얼마나 오래 사느냐보다 얼마나 가치 있게 사느냐가 더 중요하니까요!"라고 이야기합니다.

소년은 머지않아 죽게 될 것입니다. 하지만 그 죽음은 헛되지 않을 것입니다. 우리에게 아주 소중한 가치를 하나 남기고 떠날 테니까요.

한 번 지나가면 다시는 오지 않는 것 3가지가 있습니다.

'활시위를 벗어난 화살'이 그렇습니다. 그 어떤 방법으로도 날아가는 화살을 되돌릴 수는 없습니다. 또 하나는 '입 밖으로 나온' 말입니다. 한 번 내뱉은 말은 다시 주워 담을 수 없습니다. 그리고 마지막 하나는 바로 '시간'입니다. 한 번 지나간 시간을 되돌릴 수 있습니까? 어제는 오늘이 될 수 없고, 지나간 시간은 현재가 될 수 없습니다.

돌이켜 보면 우리들은 시간 앞에 조금 부끄러웠던 것 같습니다. 돈과 명예는 악착같이 붙들려고 안간힘을 쓰면서 정작 가장 소중한 시간은 그냥 흘려보냅니다.

소년은 말합니다.

"싸우고 미워할 시간에 좀 더 사랑하라고".

그렇습니다. 이 시간, 얼마나 소중하고 아름답습니까!

지금 이 순간,
당신은 무얼 하고 있습니까?
당신의 시간은 안녕한가요?

내가 가면 길이 되는 거야

새로운 길, 첫 번째 사람

세계적인 베스트셀러 『갈매기의 꿈』은 많은 사람들에게 꿈과 희망과 용기를 안겨 줍니다.

주인공 갈매기 조나단은 동료 갈매기들과 함께 바닷가의 쓰레기더미와 선창가의 고깃배 주위를 맴돌며 사람들이 먹다 버린 빵조각을 먼저 차지하기 위해 아귀다툼하는 생활을 하고 있었습니다.

마침내 조나단은 단지 배를 채우기 위해 살아야 하는 자신의 처지에 환멸을 느끼게 됩니다. 그는 꿈 하나를 가슴속에 품습니다. 그 꿈은 바로 누구보다 높이 하늘을 날아오르는 것입니다. 그는 주위의 만류를 뿌리치고 혼자 하늘을 나는 연습을 시작합니다. 이윽고 조나단은 피나는 노력과 눈물겨운 인내의 보답으로 하늘 높이 날게 됩니다. 작가 리처드 바크는 이렇게 말했습니다.

"가장 높이 나는 새가 가장 멀리 본다."

꿈은 '길'과도 같습니다.

애초 땅 위에 없던 길도 사람들이 걸어가면 차츰 길이 되듯 꿈도 자꾸자꾸 품고 살아야 이룰 수 있는 것입니다. 누군가가 이미 만들어 놓은 길을 걸어가기보다는 남보다 먼저 길을 만드는 사람이 되어야 합니다.

지금은 비록 힘들어도 분명 그 길 위에는 당신이 그토록 꿈꾸던 미래가 먼저 와 당신을 기다릴 것입니다. 영국의 낭만 시인 윌리엄 워즈워스가 당신의 꿈을 응원합니다.

황량하고 거친 산에 살고 있는 새 한 마리가 어느 날 들에 나갔다가 폭풍을 만났습니다. 그 새는 자신의 둥지를 떠나지 않기 위해 있는 힘을 다해 버텼습니다.

자기가 태어나 지금까지 살아온 산을 떠나면 살 수 없을 것만 같은

첫 번째, 문 뒤에서 '희망'이 톡,

생각에 안간힘을 써 봤지만 아무 소용이 없었습니다. 도저히 거센 폭풍을 이기고 날아갈 수가 없었던 것입니다. 하는 수 없이 그 새는 폭풍이 부는 대로 자기의 몸을 맡기고 그 방향으로 날기 시작했습니다. 강한 폭풍을 따라 한참 날아갔습니다. 드디어 폭풍도 약해졌습니다.

그런데 바로 그때 새의 눈앞에 푸른 초장과 멋진 나무들로 가득한 아름다운 산이 나타났습니다. 과거에 자기가 살던 거칠고 척박한 산과는 비교도 안 될 만큼 훌륭한 산이었습니다.

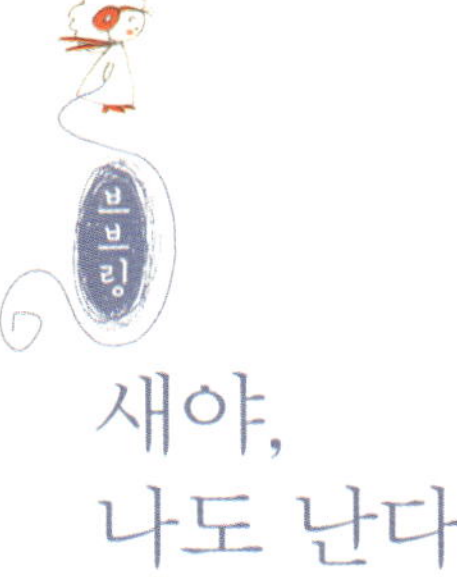

새야, 나도 난다

내 인생은 나의 것

아기 새 한 마리가 퍼덕이며 허공에 발길질을 하고 있었습니다.

날고 싶어도 날개가 잘 안 펴지는 모양입니다. 어른 손가락으로 딱 한 뼘만 올라가면 제 둥지인데……. 아기 새도 그것을 아는지 다시 한 번 날개를 꼼지락거리며 둥지에 올라가려 안간힘을 씁니다. 그러나 마음처럼 쉽지가 않습니다. 세상 일이 생각처럼 그리 녹록하진 않으니까요.

그렇게 온종일 날개를 퍼덕이고, 바닥으로 떨어지고, 털썩 주

저앉고, 그러다가 다시 퍼덕이고…….

아기 새의 몸부림을 지켜보고 있자니 왠지 마음이 쓰라려 옵니다. 바람은 거세어지고 어둠은 점점 다가오는데, 간절히 몸부림치는 저 어린 새가 안쓰럽기만 하네요. 조심스럽게 집어서 둥지에 올려 줄까 하다가 아니다, 아니다 고개를 저으며 냉정히 뒤돌아섰습니다.

퍼덕여라.
발버둥쳐라.
날갯짓해라.

그래, 그게 인생이지. 그게 희망이지. 문득 그런 생각이 들었던 거예요. 아기 새의 인생, 결국 그의 몫이고 그 스스로 개척하는 거지요. 자기 힘으로 충분히 해낼 수 있는 일인데 섣불리 도움을 주면 그건 그의 의지와 잠재력을 빼앗는 것이나 마찬가지라는 생각이 들었어요.

그 아기 새는 지금 어떻게 되었을까요? 분명 잘 살고 있을 겁니다. 힘차게 날개를 퍼덕거리며 하늘을 날고 있겠지요.

조금 늦어도 괜찮아

마음 가는 대로

이기는 것이 성공이라고 생각하시나요?

남보다 더 많이 갖고, 남보다 더 앞서가고, 남보다 더 화려한 스펙을 쌓는 것이 성공적인 삶이라고 믿으시나요? 물론 그런 삶도 괜찮겠죠. 기왕이면 누군가의 아래보다는 위에 있는 게 낫고, 초라하기보다는 화려한 것이 보기에도 좋고 생활하기에도 편리할 테니까요. 그러나 무작정 위와 앞만 보고 급하게 달리다 보면 정말 소중한 것들을 놓치게 됩니다.

자전거로 달리는 것과 KTX로 달리는 것의 차이와 같다고나 할까요. 자전거로 달리면 허공에 떠다니는 공기도 마실 수 있고,

첫 번째, 문 뒤에서 '희망'이 톡,

길섶에 핀 코스모스 향기도 맡을 수 있습니다. 그러나 KTX를 타면 그런 풍경들을 미처 눈에 담기도 전에 휙휙 지나가고 맙니다. 물론 빨리 달리기 때문에 원하는 목적지에 좀 더 일찍 도착할 수는 있겠지요.

그러나 엄청난 속도 때문에 눈과 가슴에 담을 수 있는 소중한 것들을 놓쳐 버리게 됩니다. 속도도 중요하지만 삶을 음미하며 천천히 가는 것 또한 굉장히 중요합니다.

소설가 수산로 타마로도 속도에 너무 연연하지 말라고 권유합니다.

> 내 앞에 수많은 길들이 열려 있을 때, 그리고 어떤 길을 택해야 할지 모를 때, 되는대로 아무 길이나 들어서지 말고 앉아서 기다려라. 네가 세상에 나오던 날 처음 내쉬었던 그 숨을 쉬며 기다리고 또 기다려라. 네 마음속의 소리를 들어라. 그러다가 마음이 네게 이야기할 때 마음 가는 곳으로 가라.

조금 늦어도 괜찮습니다.

지금 당장 하지 않아도 괜찮습니다. 보여 줄 게 없고, 내세울 게 없어도 괜찮습니다.

멈추지 말고 천천히, 그리고
깊이 생각하세요.

내가 원하는 게 무엇인지, 하면 할수록 더 즐거워지는 일이 무엇인지, 지금 하지 않는다면 반드시 후회하게 될 일이 무엇인지……. 깊이 생각한 후 마음이 명령하는 그 순간 한 걸음 한 걸음 발을 내디뎌도 늦지 않습니다.

큰 성과는 없다 하더라도 그 발걸음이 경쾌하고 설렌다면 그것만으로도 충분한 인생입니다.

아름다운 행복입니다.

크크봉

똑똑똑,
들어가도 되죠?

열려라 참깨

소설가 프란츠 카프카가 '문 앞에서 죽어 가는 사람'에 관한 이야기를 쓴 적이 있습니다.

어떤 사람이 문지기가 서 있는 문 앞에서 어떻게든 그 문 안으로 들어가려고 애를 씁니다. 어떻게 하면 문지기를 피해서 저 문 안으로 들어갈 수 있을까 고심하며 하루하루를 보냅니다. 어느덧 세월은 흘러 그는 늙게 되고 죽음의 그림자가 점점 자신을 향해 다가오고 있음을 느낍니다. 그는 죽어 가면서 원망스러운 눈빛으로 문지기에게 이렇게 묻습니다.

"왜 당신은 그토록 끈질기게 나를 문 안으로 들어가지 못하게 막았던 겁니까?"

그러자 문지기는 고개를 내저으며 말했습니다.

"그게 무슨 소리입니까? 저는 당신이 이 문 안으로 들어가는 것을 막은 적이 없습니다. 이 문은 당신을 위한 문인 걸요!"

"나를 위한 문이라면서 왜 당신은 항상 문 앞을 가로막고 서 있었던 겁니까?"

그러자 문지기가 대답했습니다.

"당신은 단 한 번도 제게 이 문을 열어 달라고 요청하지 않았습니다. 그랬다면 제가 기꺼이 열어 드렸을 텐데 말입니다."

문을 열어 달라고 요청하기만 하면 언제라도 들어갈 수 있었던 그 문 앞에서 그는 일생을 허비한 채 쓸쓸히 죽고 말았습니다.

이 이야기를 읽고 어떤 생각이 드시나요?

문 앞에서 죽어 가는 그 사람, 참으로 어리석은 사람이라는 생각이 들 겁니다. 그러나 곰곰이 생각해 보세요. 그 사람만 어리석은 걸까요? 혹시 그의 모습이 우리의 모습과 많이 닮아 있다고 생각하지 않나요? 우리는 조금만 더 적극적으로 나선다면, 조금만 더 용기 내어 과감히 도전한다면, 조금만 더 큰 소리로 외친다면 원하는 것을 이룰 수 있는데도 시작을 해 보기도 전에 지레 겁을 먹고 아예 시도조차 하려 하지 않습니다.

괜히 나섰다가 일만 더 복잡해지고, 책임질 일이 생기고, 그러면 귀찮아지고, 그래서 아예 나 몰라라 뒤로 물러나거나 방관하

첫 번째, 문 뒤에서 '희망'이 톡,

기도 합니다. 그러면 좀 편할 수도 있지요. 하지만 그런 삶의 자세로 궁극적으로 얻을 수 있는 것은 없습니다. 성장할 수도 없습니다.

인생이란 호흡하는 것이 아니라 행동하는 것입니다.

그저 숨을 쉰다고 해서 살아 있는 것이 아니라 자신이 이렇게 살아 있다고 소리치고, 부딪히고, 과감히 실행에 옮겨야 비로소 차츰차츰 세상에 존재감이 드러나게 되는 것입니다.

인생을 살다 보면 닫힌 문 앞에서 종종 멈추어 서게 될 때가 있습니다. 그 문 안에 어떤 세상이 펼쳐져 있을지 가늠할 수는 없지만 오던 길로 되돌아가서는 절대 안 됩니다. 이제까지 살아온 구태의연한 방식을 고집해서도 안 됩니다.

인생은 만들어 가는 자의 것이라고 했습니다.

두려움 없이, 망설임 없이 문을 여세요! 그리고 소리치세요!

"내가 여기 있다!"라고.
"나는 지금 너를 만나러 가고 있다!"라고.
"나는 지금 세상의 중심에 서 있다!"라고.

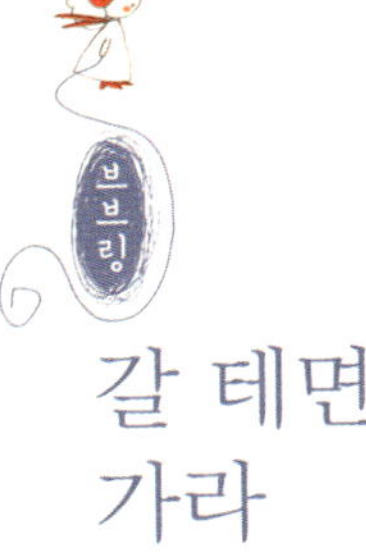

갈 테면 가라

버려야 할 것들

싱크대 음식 찌꺼기가 차곡차곡 쌓여 갑니다.

며칠째 방치된 음식물 쓰레기에서 풍겨 나오는 퀴퀴한 냄새가 진동을 합니다. 버려야지, 버려야지, 하면서도 또 하루가 그냥 지나갑니다. 귀찮고, 성가시고, 게다가 더러운 것을 손에 묻혀야 한다고 생각하니 자꾸 피하게 됩니다. 음식물 찌꺼기 하나도 제때 버리지 못해 이렇게 쩔쩔맵니다.

버린다는 것, 참 쉬운 일이 아닌 듯합니다.

특히, 과거의 시간이 그렇지요. 함께했던 추억들이나 가슴 아픈 상처 등 겹겹이 쌓인 과거의 시간 뭉치들을 버린다는 게 참 어렵습니다.

하지만 한번 가고 나면 다시 오지 않을 것들인데, 이미 흘러간 것들인데 미련을 갖고 집착한들 무슨 소용이 있겠습니까. 지나간 버스에 대고 열심히 손을 흔들면 뭣하겠습니까. 지금 알고 있는 걸 그때도 알았더라면, 하고 뒤늦게 후회한들 무슨 도움이 되겠습니까. 보낼 것은 쿨하게 보내고 열린 마음으로 새로운 것을 받아들여야지요.

지금 당신은 과거를 사십니까, 현재를 사십니까?

세계적인 철학자 호세 오르테가 이 가세트는 이렇게 말했습니다. “삶은 우리가 무엇을 하며 살아왔는가의 합계가 아니라 우리가 무엇을 절실하게 희망해 왔는가의 합계이다”라고.

과거에 얽매여 사는 사람은 나약해질 수밖에 없고 근심과 걱정만 쌓여 갈 뿐 꿈도 희망도 사라지게 됩니다. 버릴 줄 아는 힘, 그것이 바로 앞으로 나아가는 지혜이고 활기찬 내일을 준비하는 일입니다.

지금 당장 버려야겠습니다.
덩그러니 있는 저 음식물쓰레기 봉투를,
무너져 버린 지난 내 과거들을.

첫 번째, 문 뒤에서 '희망'이 톡,

내 노래가 너에게 힘이 되었으면

노랫말이 주는 선물

노래를 들으면 가장 먼저 다가오는 것이 그 노래를 부르는 가수의 목소리. 그 다음이 멜로디나 템포. 거기까지. 그리고 그 노래를 사랑하다 보면 그제야 서서히 가사가 귀에 들어옵니다. 글은 맨 마지막으로 옵니다. 듣고 보는 게 익숙한 세상이다 보니 글은 제대로 대우받지 못합니다. 그러나 글이 일단 가슴에 스며들면 오래갑니다. 생명력이 깁니다.

예전에 가슴으로 들어온 노랫말이 하나 있습니다. 여전히 그 노랫말은 가슴속에 살아 있고, 최근에 새로 들어온 노랫말이 있

습니다. 내 모습도, 내 언어도, 내 몸짓도 누군가에게 오래도록 남는 노랫말이 되길 바라며 그 글을 음미해 봅니다.

사이먼 앤 가펑클이 부른 '험한 세상에 다리가 되어'의 가사 일부.

몸과 마음이 지쳐 당신이 한없이 작게만 느껴지고
그래서 눈에 눈물이 고이면 내가 그 눈물을 닦아 줄게요.
난 당신 편인걸요. 힘든 시기가 닥쳐왔는데
친구조차 찾을 수 없다면 그럴 땐 이 힘든 세상의 다리처럼

내가 당신의 다리가 되어 드릴게요.
내가 당신의 다리가 되어 드릴게요. 이 험한 세상의 다리처럼요.

당신의 인생 항해를 계속하세요. 멈추지 말고 계속.
당신의 꿈들이 점점 다가오고 있어요.
그 꿈들이 얼마나 빛나는지 한번 보세요.
이제 좋은 날들이 올 겁니다.
친구가 필요하다면 내가 바로 뒤에서 당신의 친구가 될 게요.
이 험한 세상의 다리가 되어
내가 당신의 마음을 편안하게 해 드릴게요.

유재석과 이적이 부른 '말하는 대로'의 가사 일부

말하는 대로 말하는 대로
될 수 있다고 믿지 않았지. 믿을 수 없었지.
맘먹은 대로 생각한 대로 할 수 있단 건 거짓말 같았지.
고개를 저었지.

그러던 어느 날 내 맘에
찾아온 작지만 놀라운 깨달음이
내일 뭘 할지, 내일 뭘 할지, 꿈꾸게 했지.
사실은 한 번도 미친 듯 그렇게 달려든 적이 없었다는 것을.
생각해 봤지. 일으켜 세웠지. 나 자신을.

말하는 대로 말하는 대로
될 수 있단 걸 눈으로 본 순간 믿어 보기로 했지.
맘먹은 대로 생각한 대로 할 수 있단 걸 알게 된 순간 고갤 끄덕였지.

맘먹은 대로 생각한 대로 말하는 대로 될 수 있단 걸 알지 못했지.
그땐 몰랐지. 아 이젠 올 수 없고 갈 수도 없는
힘들었던 나의 시절 나의 20대.
멈추지 말고 쓰러지지 말고 앞만 보고 달려 너의 길을 가.
주변에서 하는 수많은 이야기 그러나 정말 들어야 하는 건
내 마음속 작은 이야기.

지금 바로 내 마음속에서 말하는 대로.

저 문 뒤에는
분명 희망이 있을 거야!

희망의 문

어떠한 역경과 고난 속에서도 냉철한 이성으로써
과감히 일을 처리하는 사람이 위대한 것이다.
운명은 사람을 차별하지 않는다.
사실 자신이 운명을 무겁게 느끼기도 하고
가볍게 여기기도 할 따름이다.
운명이 무거운 것이 아니라 자기 자신이 약한 것이다.
자신이 약하면 운명은 그만큼 강해진다.
연약한 사람은 언제나 운명이란 바퀴에 깔리고 마는 것이다.

—세네카

THE BALÉ

두 젊은이가 인생에 대해 더 많은 것을 깨닫기 위해
머나 먼 여행을 떠났습니다.
길은 험하고 날씨는 혹독하게 추웠습니다.
배고픔과 추위를 견디지 못한 한 젊은이가
여행을 포기할 생각으로
그 자리에 주저앉았습니다.
그러나 다른 젊은이는 이왕 시작한 여행이니
희망을 잃지 말고
끝까지 가 보자며 낙심한 친구의 등을 두드렸습니다.
다시 두 사람은 힘을 내어 앞으로 나아갔습니다.
그런데 얼마 가지 않아 무덤과 해골들이 어지럽게 널려 있는
음산한 골짜기를 지나게 되었습니다.
뒤따라오던 젊은이는 자신들도 머지않아
이렇게 죽게 될 거라며 겁에 질려
또다시 주저앉고 말았습니다.
그러나 다른 젊은이는 오히려 기뻐하며 땅바닥에 앉아 있는
친구를 일으켜 세웠습니다.
그 역시 무덤을 보고 무서운 마음이 들기는 했지만,
다른 한편으로 사람이 사는 마을이 분명 가까이에 있을 것이란
생각이 들었기 때문입니다.
얼마 가지 않아서 두 젊은이는 마을을 발견했고,
그곳에 머무르며 편히 쉴 수 있었습니다.

인생은 끝도 없이 펼쳐진 바다 위를 항해하는
기나긴 여행과도 같습니다.
잔잔한 물결 위를 기분 좋게 항해하는 날도 있을 것이고,
격랑의 파도 속에 휩싸여 절망에 빠진 채
삶을 놓아 버리고 싶은 순간도 있을 겁니다.

지금 가는 길이 힘들어도 조금만 참으세요.
당신 곁엔 언제나 '희망'이라는
든든한 친구가 있으니까요.

NO. TWO

두 번째,

그대 입술에서 '사랑'이 톡,

아직까지 꺼내 보지 못한 마음,
너무 오래 담아 두면
그 속에서 화석이 될지도 몰라.

충분히 기다렸으니
충분히 생각했으니
이제는 꺼내도 괜찮아.
오래된 그리움을.

쓰라리고 눈물겨워.
혹시 아니?
그도 너랑 같은 모양, 색깔, 크기의 그리움일지.

꺼내는 거야.
품고 살기엔 네가 너무나 아깝잖아.

크크봉

휴, 오늘도 공쳤네

지지리도 못난 도둑

나는 도둑입니다.
매일 밤 담장을 넘습니다.
아무리 자물통을 견고하게 만든다 해도
모든 문을 쉽게 열 수 있습니다.
가느다란 철사 하나면 충분합니다.

벌써 십 년째 나는 이 일을 해 왔습니다.
그동안 꽤 많은 보물과 돈을 모았습니다.
이제는 밤마다 고생하지 않아도 먹고 살 만합니다.

그런데 여전히 이 일을
지속할 수밖에 없는 이유가 있습니다.
꼭 훔치고 싶은 물건이 있기 때문입니다.
그것을 훔치기 전까지는 끊임없이 담장을 넘을 것이고
복면을 풀지 않겠습니다.

그 물건은 참으로 이상합니다.
자물통이 없는데도 문을 열기 어렵고
누구 하나 지키는 사람이 없는데도
도무지 훔칠 수가 없습니다.

훔치고 싶어도 내 맘대로 안 되는 것,
세상에서 가장 훔치기 어려운 것,
그것은 바로 '당신의 마음'입니다.

아이, 귀 간지러워

헤드폰의 진짜 용도

온종일 헤드폰을 쓰고 생활합니다.

사실, 음악은 흐르지 않습니다. 그러나 언제부턴가 헤드폰을 쓰고 있으면 편합니다.

언제부터였을까.

그가 미워지기 시작한 날부터입니다. 그의 목소리를 듣고 싶지 않아 일부러 헤드폰을 쓰기 시작했습니다. 그랬더니 그가 더 이상 말을 걸어오지 않습니다. 덕분에 내 생활은 좀 자유로워졌습니다. 그러나 그 자유로움은 오래가지 못합니다. 왠지 미안합

두 번째, 그대 입술에서 '사랑'이 톡,

니다. 헤드폰은 음악을 듣기 위한 용도로 사용하는 물건인데 그걸 그의 입을 막는 데 쓰다니…….

며칠도 지나지 않아, 나는 헤드폰을 벗었습니다.

헤드폰을 벗자마자 그가 다시 말을 걸어 옵니다. 그의 말이 다시 내 고막을 흔듭니다. 그래, 하루 종일 누구 하나 말을 걸어오지 않는데 이 소리마저 없다면 얼마나 쓸쓸할까. 그래, 많이 떠들어라. 문득, 그 목소리가 고마워집니다. 때론 지겹고 귀찮기도 하지만 그래도 듣지 않으면 왠지 허전한……. 고맙습니다!

그 익숙한 목소리.

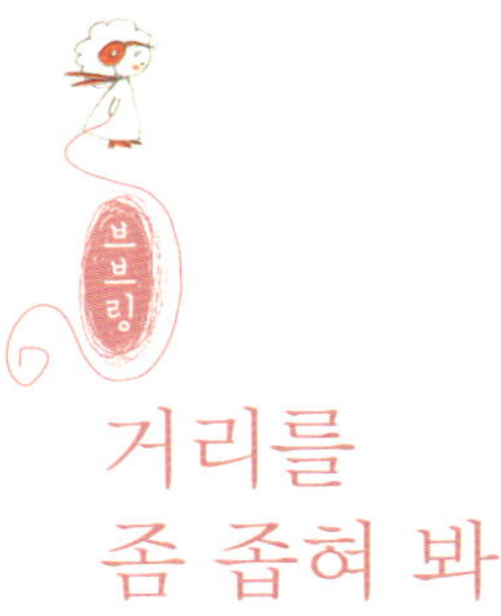

거리를 좀 좁혀 봐

너와 나 사이엔

섬과 섬 사이에는 눈물이 있고
꽃과 꽃 사이에는 나비가 있고
별과 별 사이에는 작은 어둠이 있습니다.

가도 가도
끝을 가늠할 수 없는
수평선 너머 같은 그대,

그대와 나 사이엔 그리움이 있습니다.

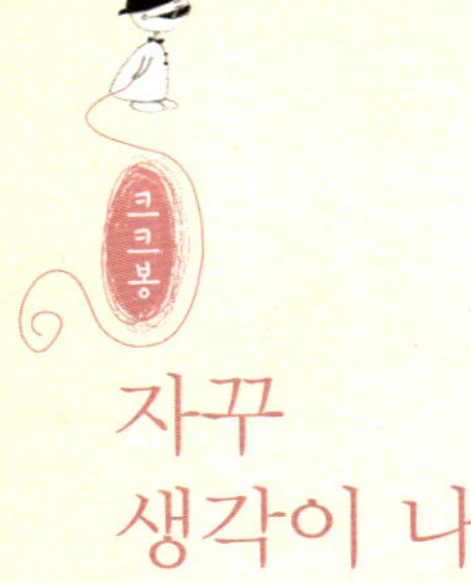

자꾸 생각이 나

그대이어야만 하는 이유

왜 그대인지
왜 그대이어야만 하는지
이 세상 사람들이 허락하지 않는다 해도
그대이어야만 하는 이유가 내겐 있습니다.

한 순간, 한 호흡 사이에도
언제나 그대가 있기 때문입니다.

허공의 옆구리에 걸린

우편
POST

잎사귀 하나가
수백 번 몸 뒤척이는 그 순간에도,
아침햇살의 이른 방문에
부산을 떨며 떠나는 하루살이의 뒷모습에도,
저미는 내 가슴을 뚫고 자라나는
선인장의 가시 끝자락에도
그대가 오도카니 자리 잡고 있기 때문입니다.

거대한 운명 같은 그대여.
죽어서도, 다시 살아도
지울 수
없는 사람아.

그대가 없으면 나도 없습니다.

아, 느낌이 왔어

그대와 함께 있으면 나도

그대와 함께 있으면 어느새 나도 하나의 자연이 됩니다.
주고받는 것 없이 다만 함께한다는 것만으로도
바람과 나무처럼 더 많은 것을 주고받음이 느껴집니다.
그대와 함께 있으면 길섶의 감나무 이파리를 사랑하게 되고,
보도블록 틈에서 피어난 제비꽃을 사랑하게 되고,
허공에 징검다리를 찍고 간 새의 발자국을 사랑하게 됩니다.
수묵화 여백처럼 헐렁한 바지에 늘 몇 방울의 눈물을 간직한,
주머니에 천 원짜리 지폐 한 장 없어도 얼굴에 그늘 한 점 없는,
그대와 함께 있으면 어느새 나도 작은 것에 행복을 느낍니다.

두 번째, 그대 입술에서 '사랑'이 톡.

그대의 소망처럼 나도
작은 풀꽃이 되어 이 세상의 한 모퉁이에
아름답게 피고 싶습니다.
그대는 하나도 줄 것이 없다지만
나는 이미 그대에게 푸른 하늘을,
동트는 붉은 바다를 선물 받았습니다.
그대가 좋습니다.
그대는 왠지 느낌이 좋습니다.

그대에게선 냄새가,
사람 냄새가 난답니다.

그크봉

어디 가, 내 맘 갖고 가

그리워하면 언젠가 만나게 되는

그립고 그리워 견딜 수 없었기에 조심스럽게 다가가 바라보았습니다. 당신은 적당한 거리에서 눈길만 던진 채 말없이 서 있었지요.

내 마음을 보이기엔 너무 작은 목소리였던가. 당신 가슴으로 가 닿은 내 꽃망울은 온데간데없이 바람 한 점으로 사라지고.

한 사람을 사랑한다는 것이 이리도 가슴 저미는 아픔임을 알았을 때 나는 더욱 더 늦가을의 고요를 사랑했습니다.

더 깊고 높게 사랑하기 위해 밤별에 숱한 그리움 던지며 새벽녘 안개비에 내 눈물 감추며 더 쓸쓸하게 외로워했습니다.

언젠가는 만나게 될 당신이여!

지구 한 모퉁이에서 아직도 눈물 닦지 못하고 단 한 사람만을 기다리는 이가 있으니 세상을 걷다가 당신의 신발이 다 닳고 헤질 때면 잠시 내 품에서 쉬어 갈 수 있기를 기도합니다.

간절히 두 손 모아 기도합니다.

그리워할 수 있도록 허락한 당신,
당신이 있어 내내 감사함을.

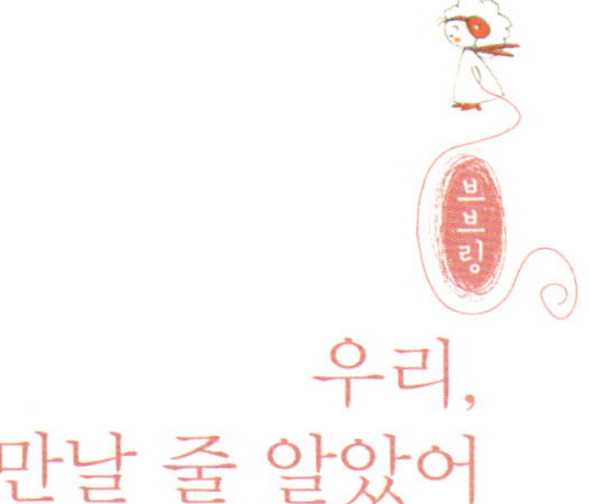

우리,
만날 줄 알았어

다시, 사랑

이제 두 번 다시는 사랑하지 않겠다, 하며
오늘도 다짐하셨는지요.
하지만 그건 잠깐의 생각일 뿐 당신은
다시 사랑하게 될 것입니다.
이름 없는 들꽃도 누군가가 사랑해 주지 않는다면
꽃을 피우지 못합니다.
들꽃도 그러하거늘 하물며 사람은 어떻겠습니까.
지금 당신은 힘이 듭니다. 가슴이 아픕니다.
그리고 눈물이 마르지 않습니다.

그러나 그건 당신의 사랑이 다른 이에게 잠시 옮겨졌을 뿐
분명 당신에게 사랑은 다시 찾아올 것입니다.

사람은 사람을 벗어나 살 수 없는 까닭입니다.
사람과 사람은 만나야 합니다.
사람은 결국 비비대며 살아야 하기에.

당나라 시인 백거이(白居易,772~846)의 글에 '비익'이라는
새가 나옵니다.
그 새는 눈도 하나요 날개도 하나이기에
혼자서는 결코 날지 못한다고 합니다.
두 마리가 서로 기대어 마치 한 몸인 듯 날갯짓을 할 때
비로소 푸른 하늘을 유유히 날 수 있었다고 합니다.

상처는 아물기 위해 존재합니다.
사랑했던 만큼 이별도 아름다워야 합니다.
떠난 이의 뒷모습에 마지막 미소를 붙여 주세요.
그리고 사랑을 기다리세요.
이별의 아픔이 상처가 채 아물기도 전에 찾아올 것입니다.
이 세상엔 한쪽 눈과 한쪽 날개만 가진 이들이
의외로 많이 존재하는 까닭입니다.

향기에 취해, 흔들려

나, 그대니까 행복합니다

그대 앞에만 서면 어느새 나는 아기바람에도 흔들거리는 작은 꽃잎이 됩니다.

당당해지자고 다짐하고, 또 수백 번 입술을 깨물어도 언제 그랬느냐는 듯 그대 앞에선 막 깨어난 해당화처럼 내 청춘, 붉게 물들고 맙니다.

늘 몇 칸의 보도블록을 사이에 두고 그대의 속도에 맞춰 조심조심 내딛는 발걸음.

그러다가도 행여 들킬세라 전봇대만 찾아 헤매는 못난 그림자.

두 번째, 그대 입술에서 '사랑'이 톡,

그대 그리며 돌아오는 길목에서 정처 없는 한 줌의 바람을 사랑하게 되었고, 마음을 다 주고 텅 빈 채로 살아가는 겨울나무를 사랑하게 되었으며, 새가 떠나며 남기고 간 깃털에 입 맞추기 시작했습니다.

그대여,

굳이 그대 마음 안에 머물지 못해도 상관없습니다.

바다 위에서 그리고 밑에서 작은 물방울로 산산이 부서져도 괜찮습니다.

만나야 할 사람은 언젠가는 만나야 하기에
나, 그대니까 행복합니다.

인연에 대하여

누군가가 그랬습니다.
인연이란 잠자리 날개가 바위에 스쳐, 그 바위가 눈꽃처럼 하얀 가루가 될 즈음 그때서야 한번 찾아오는 것이라고.
그것이 인연이라고.

누군가가 그랬습니다.
등나무 그늘에 누워 같은 하늘을 바라보는 저 연인에게도 분명, 우리가 다 알지 못할 눈물겨운 기다림이 있었다는 사실을.

그렇기에 겨울꽃보다 더 아름다운 꽃을 피우고,
사람 안에 또 한 사람을 잉태할 수 있게 하는 것이
사람의 인연이라고.

누군가가 그랬습니다.
나무와 구름 사이, 바다와 섬 사이 그리고
사람과 사람 사이에는 수천수만 번의 애달프고 쓰라린
잠자리 날갯짓이 숨 쉬고 있음을.

누군가가 그랬습니다.
인연은 서리처럼 겨울담장을 조용히 넘어오기에
한겨울에도 마음의 문을 활짝 열어 놓아야 한다고.

누군가가 그랬습니다.
먹구름처럼 흔들거리더니 대뜸, 내 손목을 잡으며
함께 겨울나무가 되어 줄 수 있느냐고.
눈 내리는 어느 겨울밤에,
눈 위에 무릎을 적시며 천 년에나 한 번 마주칠
인연인 것처럼 잠자리 날개처럼 부르르 떨며
누군가가 내게 그랬습니다.

브브링

오늘도,
혼자 놀았다

왜 그립지 않겠습니까

어찌 그럴 수 있겠습니까.
낙엽 하나 뒤척거려도 내 가슴 흔들리는데.
귓가에 바람 한 점 스쳐도
내 청춘 이리도 쓰리고 아린데.

왜 눈물겹지 않겠습니까.
사람과 사람은 만나야 한다기에 그저 한번 훔쳐본 것뿐인데
하루에도 몇 번이고 메스꺼운 너울 같은 그리움.

apple
Lemon
kiwi
Cherry
Apple
Grape
My Fruits
Lemon

왜 보고 싶은 날이 없겠습니까.
하루 해를 전봇대에 걸쳐 놓고 막차에 몸을 실을 때면
어김없이 창가에 그대가 안녕, 하는데.
문이 열릴 때마다 내 마음의 편린들은
그 틈 사이에서 오도가도 못하는데.

왜 서러운 날이 없겠습니까.
그립다는 말, 사람이 그립다는 말,
그 말의 늪에서 허우적거리는 저 달빛은
오늘도 말이 없습니다.
사랑한다면, 진정 사랑한다면
그저 멀리서 바라보며 두고두고 오래도록
그리워해야 한다는 말, 어찌 말처럼 쉽겠습니까.

해를 점점 달빛이 갉아먹거늘
사랑은 짧고 기다림은 길어지거늘
왜 그립지 않겠습니까,
왜 당신이 그립지 않겠습니까.
비라도 오는 날이면 차마,
기댈 벽조차 그리웠습니다.

이제 좋은 일이 생길 거야

한 사람

한 사람을 만났습니다.

화폭 속 어느 시골마을 설경처럼 고요함 깊은
한 사람을 만났습니다.
가깝지도 않고 그렇다고 멀지도 않은,
보도블록 세 칸의 거리를 두고 바둑이처럼 뒤따라오는
한 사람을 만났습니다.
어쩌다 눈동자가 마주치면 아랫입술에 낙엽 갖다 대며
붉은 보조개 꽃피우는 수줍음 많은 한 사람을 만났습니다.

두 번째, 그대 입술에서 '사랑'이 톡,

팝콘을 사이에 두고 영화를 볼 때면
봉지 안에서 서로의 손이 겹치지 않게 하려고 무지 애를 쓰는,
박하사탕보다 더 향기로운 한 사람을 만났습니다.

한 사람을 만났습니다.
익숙함보다는 친근함으로
함께함보다는 약간의 간격으로
일치함보다는 비스듬한 느낌으로
뜨거움보다는 오래도록 미지근함으로
사랑보다는 그리움으로 영원히 간직하고픈.

한 사람을 만났습니다.
지지리도 못난 내 청춘도 뜨겁고 설렐 수 있는
가슴이 있다는 걸 깨우치게 한
한 사람을 만났습니다.
내 존재가 그 사람의 존재로 녹아들어가
차라리 내가 그 사람이 되고 그 사람이 내가 되는,
그리하여 결국 한 사람이 되었으면 하는

나만의 한 사람을 만났습니다.

크크봉

누군가를 사랑해야 한다면 그건 바로 너야

사랑한다면, 그들처럼

젊은 시절, 서로 사랑하던 연인이 있었습니다.

그러나 처녀의 아버지가 반대하여 이들은 결혼에 이르지 못하고 헤어져야 했습니다. 그로부터 60년 후인 1997년 어느 날 이들은 고령이 되어 한 요양소에서 운명적으로 재회했습니다. 놀랍게도 이 두 사람 모두 그 오랜 세월을 독신으로 지냈습니다. 서로에 대한 애틋한 감정 때문에 언젠가는 다시 만날 것이라는 믿음을 간직한 채 결혼하지 않고 혼자 지내 왔던 것입니다. 뒤늦게 이들은 결혼을 했는데, 이때 신랑의 나이가 무려 85세였습니다.

LOVE
LOVE

우리가 사는 이유, 여전히 이 세상에 존재하고 있는 사랑 때문이 아닐까요.

설령 그것이 눈에 보이지 않거나 손에 잡히지 않는다 할지라도 너무 조급해하거나 두려워하지 마세요. 사랑은 반드시 돌아오니까요. 사랑은 그리움을 간직한 자들의 몫이기 때문입니다.

라졸 캄자도프의 시를 한 편 소개합니다.

만약 그대를 천 명의 사람이 사랑한다면
그 천 명 중에는 내가 포함되어 있을 것입니다.
만약 그대를 백 명의 사람이 사랑한다면
그 백 명 중에 내가 포함되어 있을 것입니다.
만약 그대를 열 명의 사람이 사랑한다면
그 열 명 중에 또한 내가 포함되어 있을 것입니다.
그리고 그대를 사랑하는 사람이
단 한명뿐이라면 그가 바로 나일 것입니다.
그러나 그대를 사랑하는 이가
이 세상에 하나도 없게 된다면 그때는
내가 죽었다는 것을 의미합니다.

사랑은 낙엽 하나 떨어질 정도의 바람으로 오지 않습니다.

삶이라는 나무의 뿌리조차 흔들며 그렇게 강렬하게 다가오는 것입니다. 당신은 지금 사랑에 빠졌나요. 오직 한 사람만의 사람이고 싶으신가요. 그렇다면 입술만 깨물지 말고 지금 바로 고백하세요. 그 고백이 설령 메아리가 되어 돌아온다 할지라도 너무 슬퍼하거나 좌절하지 마세요.

죽어도 아니,
다시 살아도 꼭 이루어질 사랑이라면
언젠가는 그 사랑이 반드시 다시 찾아올 것입니다.

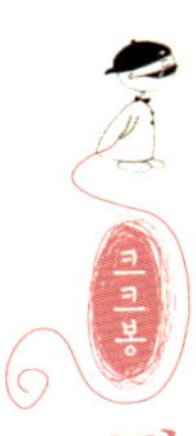

뭘 고민해?
지금이 사랑하기 가장
좋은 시간이야!

사랑한다는 그 흔한 말

마르코스는 밤에 잠을 자다가 일어나서
내 얼굴을 물끄러미 보면서
내가 보고 싶었다고 얘기하곤 했죠.
잠든 그 순간에도 나를 그리워했던 그 사람은,
지금 얼마나 내가 보고 싶을까요.

—이멜다 마르코스

사랑한다는 말을 하루에 몇 번이나 하십니까?
사랑한다는 그 흔하디흔한 말을 몇 번이나 하십니까?
마음은 있는데 왠지 쑥스러워 그 말을 하기가 힘드신가요?
하지만 이제부터는 사랑한다는 말을 자주 하세요.
너무 오래 가슴 깊은 곳에 담아 둔 채 숨기다 보면
사랑한다는 말을 마음 밖으로 꺼내기가
정말 힘들어지기 때문입니다.

아침 해가 떠오르면 사랑하는 이에게 사랑한다고 말하세요.
사랑의 말은 하루를 상쾌하게 열어 주는 환희입니다.
길섶을 지나다가 풀꽃에게 사랑한다고 말하세요.
사랑의 말은 아름다운 자연을 살찌우는 영양분입니다.
해가 지면 전봇대에 매달린 별님에게 사랑한다고 말하세요.
사랑의 말은 세상의 어두운 구석까지도 밝혀 주는
희망입니다.

사랑한다는 말 한마디가 세상을 아름답게 만듭니다.
아침 해는 풀꽃에게, 풀꽃은 별님에게,
별님은 다시 사랑하는 이의 마음 깊은 곳까지
당신의 행복을 전해 줄 것입니다.
사랑은 전염성이 강해서 당신 곁에는
행복한 사람이 많이 생길 것이고
그로 인해 당신 또한 더욱 더 행복해질 겁니다.

지금 당신 곁에 있는 사람에게
사랑한다는 말을 건네세요.
바로 지금 이 순간이 사랑한다는 말을 전하기에
가장 좋은 시간입니다.

NO. THREE

세 번째,

내 심장에서 '그리움'이 톡,

인생, 그거 거창한 거 아냐.
어쩌면 편안한 의자에 앉아
커피 한 잔 마시는 것,
그게 인생의 전부일지도 몰라.

사랑, 그거 위대한 거 아냐.
어쩌면 콧노래를 부르며
미소를 짓는 것,
그게 사랑의 전부일지도 몰라.

생활, 그게 복잡한 거 아냐.
아침에 일어나고 저녁에는 자고
배고프면 밥 먹는 것,
그게 생활의 전부일지도 몰라.

너는 어떻게 사니?
네가 사는 이 시간, 이 일상.
그게 전부인 거야.
잘 살고 있는 거야.

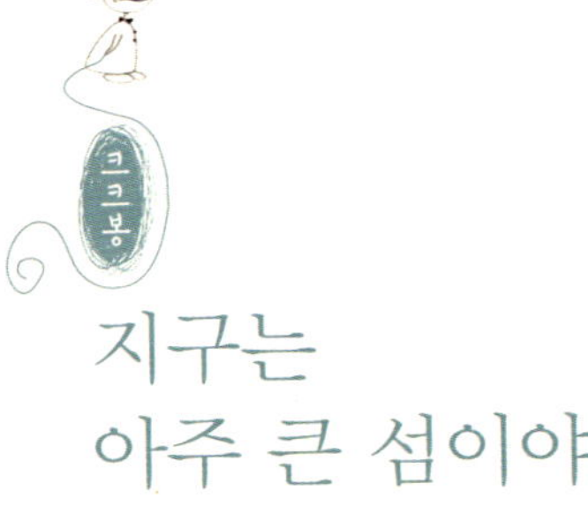

지구는 아주 큰 섬이야

사람이 사람을 그리워한다는 것

막차를 타고 돌아오는 길,
오늘따라 유난히 매번 지나던 길이 새삼 낯설게 느껴집니다.
새끼손가락만큼 열린 차창 사이로 밀려 들어오는 바깥세상,
하나 둘 가게의 불빛은 점점 희미해지고
달님조차 구름 뒤에 숨어
순식간에 사람들의 가슴속에 어둠이 드리웁니다.
어둡다는 것, 그건 쓸쓸함의 시작인가요.
낮 동안 함께 웃음을 주고받던 수많은 거리의 사람들,
일회용 커피를 마시며 삶의 무게를 내려놓았던 동료들,

양꼬치

출근길에 어깨를 부딪치며 아직도 졸린 나의 하루를 서둘러 깨웠던 익명의 사람들.

그 많던 사람들은 지금 다들 어디로 사라졌는지, 어느 곳으로 숨고 말았는지 가을 거리에는 쓸쓸한 발자국 몇 개만 비뚤비뚤 남아 있습니다.

나는 지금 집으로 가고 있습니다.

아니, 잠시 자그마한 섬에 홀로 여행을 떠나고 있는지도 모릅니다.

소금 냄새에 이끌려 덜컹거리는 버스를 타고 아무도 없는 섬, 그 불 꺼진 섬에 가는 중입니다

갈매기의 발목에는 꽃편지가 묶여 있고, 물 위에는 누군가가 던져 놓은 그리움의 파문이 아직도 흔들거리는.

하지만 쓸쓸합니다.

이 계절에는 혼자라는 사실이 참 불편합니다.

울고 싶을 때 기댈 가슴 하나 없고 기쁠 때 서로 미소를 건넬 얼굴 하나 없는 까닭입니다

이게 바로 쓸쓸하다는 것이구나, 새삼 입가에 쓴웃음이 머뭅니다.

한때는 사람이 싫어서, 사람이 지겨워서 그 둘레를 벗어나고자 몸부림을 친 적이 있었지만 막상 그 틀을 벗어나면 다시 사람이 그리워지는 건 왜인지…….

천생 나도 사람인가 봅니다.
그렇습니다.

사람이 사람을 그리워해야 정말 사람인 것이지요.
그러기에 나만의 섬, 나만의 바다,
나만의 갈매기는 더 이상 의미가 없습니다.
사람들 안에 내가 있고 그대가 없으면 나도 없기에,
사람이 그립습니다.
비가 오려고 폼 잡는 이런 날에는
정말이지 사람 냄새가 그립습니다.

브브링

밥값 하기 힘들어

앉은뱅이 밥상을 벗어나지 못하는 이유

앉은뱅이 밥상에 노트북을 올려놓고 종일 글을 쓰고 있노라면 허리도 아프고, 특히 무릎 관절이 저려 옵니다.

의자에 앉아 책상에서 편하게 글을 쓰면 될 걸, 미련하게 왜 이럴까. 정말 나는 왜 앉은뱅이 밥상에서 벗어나지 못하는 걸까. 그 이유를 한번 생각해 봅니다. 글을 쓰다가 배고프면 밥이랑 국이랑 김치랑 옆에 올려놓고 바로 먹을 수도 있고, 배가 좀 부르다 싶으면 뒤로 벌러덩 누워 낮잠을 잘 수도 있으니까요. 그리고 무엇보다도 글쓰기에 빠져 한참동안 자판을 두드린 후, 잠시 고개를 쳐들 때 허리며 무릎에서 오는 그 참을 수 없는 통증, 그 통증

을 느끼며 아, 오늘 참 열심히 썼구나.

밥값은 했구나, 하는 안도감.

그래서 앉은뱅이 밥상을 떠나지 못합니다. 오늘은 밥상에서 한 끼 정도의 밥값만큼의 글을 썼습니다. 그러나 세끼 꼬박 다 챙겨 먹습니다.

안녕, 나 간다

사라진 사람들

도시는 하루가 다르게 변화합니다. 불과 몇 달 전까지만 해도 버젓이 있던 건물인데, 그곳에 가 보면 어느새 사라져 버리고 새로 지은 건물이 떡하니 자리 잡고 있어 놀라곤 합니다. 뽕밭이었던 그 자리도 어느 날 가 보면 거대한 공룡처럼 새 아파트들이 줄지어 서 있습니다.

발전이라는 것, 변화임에는 분명합니다. 그러나 옛것의 자리를 밀어내고 새것이 들어서는 것만이 발전을 의미하는 건 아닐 텐데, 사람들은 은연중에 새로운 것을 발전의 의미로 받아들이는 것 같습니다.

오늘도 길거리를 걷다 보면 낡고 허름한 건물 이곳저곳에 빨간색으로 X표시가 그려져 있습니다. 머지않아 이것들도 먼지와 함께 사라지고 말겠지요. 그러고는 그 자리에 새 건물이 들어서고 새로운 사람들로 가득 채워지겠지요.

문득, 할머니의 한숨 섞인 말 한마디가 생각납니다.
"늙으면 죽어야지."

물론 누구나 이 세상에 왔으면 되돌아가는 게 당연한 일입니다. 그러나 그 일이 자연스러워야 할 텐데, 자칫 새로운 것들에 쫓기듯 밀려서 그런 생각을 하게 되는 건 아닌지 생각해 볼 일입니다. 젊고 새것이라는 이유로 늙고 낡은 것을 함부로 대하거나 그 자리마저 아무렇지 않게 빼앗는 꼴이 된다면 이 세상 팍팍해서 살 수 있겠습니까.

사람은 사라지고 사망 선고가 된 붉은 X자 건물만 남았습니다. 죽은 건물 앞에서 지난 추억들이 어디로 가야 할지 갈피를 잡지 못해 우왕좌왕합니다.

문득, 궁금해집니다.

X자 건물 속 사람들은 다 어디로 간 걸까요. 소머리 국밥을 잘 끓이던 아주머니는, 작은 구멍가게를 하시던 노인 양반은, 꽃가게를 하던 아가씨는, 김밥을 말던 할머니는 다들 어디로 사라진 걸까요. 그들의 안부가 궁금합니다. 그들의 얼굴이 그리워집니다.

내 인생의 한 부분이 문득,
그리워집니다.

비가 오면
그리운 것들이 더 많아져

뚝뚝뚝, 심장에서 물방울이

우산 없이 집을 나서는 그대를 바라보며 이른 아침부터 얼마나 기뻤는지 모릅니다.

어제 일기예보에 분명 오늘 밤부터 비가 온다고 했기 때문입니다. 이런 기회가 어디 있습니까. 하늘이 우리 둘을 맺어 주기로 작정을 한 모양입니다.

기다리겠습니다. 그대가 퇴근하고 돌아올 때까지 버스정류장에서 기다리겠습니다. 하늘이 도왔는지 오늘따라 일기예보가 정확히 맞습니다. 가로등에 불이 켜질 즈음, 한 방울 두 방울 빗줄

기가 떨어지기 시작했습니다. 그러더니 급기야 허공에 사선을 그으며 비가 하염없이 쏟아집니다.

최고로 예쁜 옷을 입고, 한 듯 안 한 듯 엷게 화장을 하고, 설레는 마음으로 집을 나섭니다. 우산은 하나만 갖고 나왔습니다. 그대와 함께라면 내 어깨 한쪽이 다 젖어도 상관없습니다. 아니, 세상에 내리는 비를 전부 다 맞아도 괜찮습니다.

긴 기다림.

정류장은 비에 젖은 사람들과 우산을 든 사람들만 오갈 뿐 그대는 보이지 않습니다.

빗줄기는 점점 굵어지고 정류장은 한산해집니다. 어느덧 밤은 깊어 마지막 버스만 남았습니다. 저 멀리서 흔들리는 두 줄기의 빛이 들어옵니다. 가슴이 콩닥콩닥 뜁니다. 옷매무새를 매만집니다.

버스 문이 열리고 사람들이 내리기 시작합니다.

이 사람이 아닙니다. 저 사람도 아닙니다. 이 사람이 아닙니다. 저 사람도 아닙니다. 이 사람이 아닙니다. 사람을 모두 내려놓은 버스는 사라지고…….

그대는 내리지 않았습니다. 보이지 않았습니다. 무슨 일이라도 생긴 건 아닐까. 도대체 왜 안 온 걸까. 어디서 비를 맞고 있는 건 아닐까.

집으로 돌아오는 길, 자꾸만 뒤돌아보게 됩니다. 젖지 않은 내 어깨가 이렇게 미워 보이긴 처음입니다. 우산 속 혼자인 나, 비는 맞지 않았지만 내 마음은 다 젖었습니다. 뚝뚝뚝 심장 끝자락에서 물방울이 떨어집니다.

너랑 있으면 난 행복해

향기 나는 친구

때로 약간의 변덕과 신경질을 부려도 그것이 애교로 통할 수 있을 정도면 괜찮고 나의 변덕과 괜한 흥분에도 적절히 맞장구를 쳐 주고 나서, 얼마의 시간이 흘러 내가 평온해지거든 부드럽고 세련된 표현으로 충고를 아끼지 않았으면 좋겠다.

—유안진

한 나그네가 최고의 향기를 발산하는 진흙을 얻었습니다.
나그네가 물었습니다.
"네가 그 유명한 바그다드의 진주냐?"

"아닙니다."

"그럼 너는 인도의 사향이냐?"

"아닙니다."

"그럼 너는 무엇이냐?"

"나는 한 덩이의 진흙일 뿐입니다."

"그러면 도대체 어디서 그토록 아름다운 향기가 나오는 것이냐?"

"그 비결은 내 친구 백합 때문입니다."

진흙 위에 오랫동안 백합이 뿌리를 박고 꽃을 피우며 살았기 때문에 아름다운 향기가 진흙에 밴 것입니다.

당신에게는 사람 냄새나는 친구가 있으신지요.
늘 곁에서 내게 힘이 되어 주고 세상이 날 외면할 때도
끝까지 나를 믿고 응원해 주는 친구,
그런 친구 하나만 있다면 당신은 부자입니다.
새벽 4시에도 거리낌 없이 전화를 할 수 있는 친구,

그런 친구가 있다면
당신은 참으로 행복한 사람입니다.

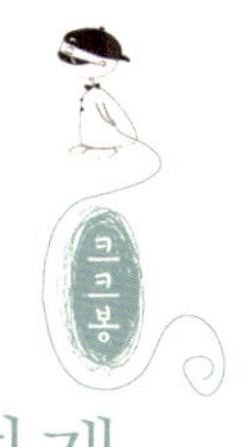

착하게
살아야 해

도둑님에게 부탁하기

이 세상에 도둑이 있다면, 그리고
공교롭게도 이 글을 읽은 당신이 도둑이라면
부디, 현대 아파트에는 접근하지 마시길.

우리 아버지, 그곳에 살고 계신다네.
달 밝은 밤에 긴 방망이 옆에 차고,
입엔 언제나 호루라기를 물고 계신다네.

나이 일흔하고도 둘,
비가 오나 눈이 오나 뜬 눈으로
매일 밤 세상의 평화를 지키신다네.
어둠의 무게가 눈꺼풀에 내려앉으면
아버지는 젊은 날의 사랑을 추억하며
졸음을 전봇대 위에 걸쳐 놓으시겠지.

아버지, 내 아버지
오늘도 심심하다고
못난 아들이 긁적거린 시집을
달빛에 비추며 쓰린 상처를 데워 주시겠지.

그러니 부디 당신이 도둑이라면,
오늘 밤에 세상을 훔치기로 작정했더라도
부디 당신이여
아버지가 근무하시는 아파트는 피해 주시길

사고로 다친 한 쪽 다리가
아직도 아물지 않았으니

우리 아버지,
젊은 자식들을 위해 열심히 고생하시는
우리 시대의 아버지를 위해

부디, 도둑질은 저 멀리서 하시길.
오늘 밤도 모두 다 별 탈 없으시길.

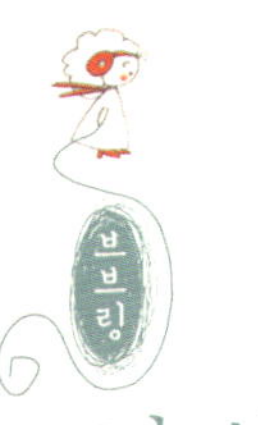

넌 언제나 그 자리구나

나무는 왜

나무는 그 자리입니다. 귀뚜라미 찌르르, 울어 대는 깊은 밤이면 사람의 가슴이 그리워 어슬렁어슬렁 마을 어귀로 내려올 법도 한데 나무는 언제나 그 자리입니다.

하늘눈물이 하염없이 쏟아져도, 구름 끝에 고드름이 매달려도, 나무는 처마 밑으로 서둘러 몸을 피하지 않습니다.

나무는 늘 그 자리입니다. 뿌리가 뒤엉켜 걸을 수 없는 탓일까 하여 조용히 다가가 물으니 나무는 아무런 말이 없습니다.

홀로 산길을 내려오는데 다람쥐 한 마리가 내 발목을 잡습니

다. 왜 그 자리에 있는지, 왜 나무가 마음 송두리째 그곳에 뿌리 내렸는지 다람쥐가 내게 귀띔해 주었습니다.

나무 자신은 그 자리에 있어야만 한다는 것입니다.

자리를 비운 사이에 행여, 그 사람이 왔다가 그냥 돌아갈지도 모르기에.

그래서 나무는
그 자리에
일생을
기다린 채
서 있는 것입니다.

어른이 되면 하고 싶은 일

나이 든다는 것

어릴 땐 그랬지요.

나이 든다는 것이 높은 벼슬인 줄 알았지요. 나팔바지를 입고 동네 예쁜 누나들을 끼고 활보하는 삼촌처럼 어른이 된다는 건. 부러웠지요. 그래서 그랬지요. 매년 새해 아침이 밝아 오면 떡국을 무려 네 그릇이나 비우며 하루 빨리 어른이 되길 기원했지요. 그 덕에 설 명절에는 언제나 화장실에 쪼그려 앉아야 했고, 그렇게 세월은 화장실에서 익어 갔지요.

배설하는 동안, 코밑수염은 굵어지고 세월은 내 키보다 더 자

세 번째, 내 심장에서 '그리움'이 톡,

라났지요.

이제는 왠지 서러운 나이가 되니 모든 것이 아슬아슬해 보입니다. 목련꽃의 화려함을 즐기기 전에 괜히 곧 지고 말 초라한 모습이 눈물겨워 바라볼 수조차 없는. 백사장에 남긴 발자국 앞에서 한 걸음 더 내딛지 못하고 자꾸 등 뒤를 바라보고 마는.

첫눈이 내리는 계절이 오면 누군가가 시계탑 앞에서 기다려 줄 것 같은 소설 같은 낭만을 아직도 기대하는…….

남에게 쉽게 나이를 물어보면서 정작 누군가가 내게 물으면 차마 말 못하고 그저 부끄러워 절뚝이며 고개 숙인 채. 나이가 들어간다는 것, 그게 서러워 오는 새해에는 떡국을 먹지 않았지요.

김이 모락모락 나는 내 몫의 떡국을 어린 조카 녀석이 잽싸게 비우는 걸 바라보며 내가 늙어 너는 자라고 내가 늙는 사이 그대는 먼저 눈사람이 되었구나, 생각했지요.

나이 든다는 것에
대하여.

세 시간째 재충전 중

이자가 붙은 시간들

인생에 낭비라는 것은 있을 수 없다.

실업자가 10년 동안 아무것도 하는 일 없이 낚시로 소일했다고 치자.

그 10년이 낭비였는지 아닌지는 10년 후에 그 사람이 무엇을 하느냐에 달려 있다.

낚시를 하면서 반드시 뭔가 느낀 점이 있을 것이다.

실업자 생활을 어떻게 받아들이고 어떻게 견뎌 나가느냐에 따라 그 사람의 내면도 많이 달라질 것이다.

헛되이 세월을 보낸다고 하더라도 뭔가 남는 것이 있을 것이다. 문제는 헛되이 세월을 보내는 데 있는 것이 아니라 그것을 어떻게 받아들여 훗

날 소중한 체험으로 살려 가느냐에 있다.

삼성그룹의 창업자 이병철 전 회장의 말입니다.

이런 때가 있었습니다.

세상의 시간은 빠르게 움직이고 있는데 내 시계만 멈춰 있다고 느껴질 때. 세상 사람들은 앞 다퉈 저만치 달려가는데 내 발걸음만 제자리에 있다고 생각될 때. 세상의 모든 행복들이 나를 제외한 다른 사람들의 차지가 된 것 같을 때. 세상의 그 많은 아픔이나 상처가 오롯이 나만을 향하는 것 같을 때. 그럴 때 참으로 암담하고 하루하루를 버티는 게 힘겨워집니다.

그렇지만 그때, 나를 지탱하게 만들고 위로해 주는 건 바로 '희망'이라는 믿음입니다. 잘될 거라는 기대. 반드시 극복하리라는 자신감. 괜찮다는 위안. 이러한 것들로 인해 마음이 조금은 편안해지고 내일을 기약할 수 있습니다.

신은 인간에게 극복할 수 있는 시련만 준다고 했던가요. 어쩌면 더 큰 기회를 주기 위해 훈련을 시키는 것인지도 모릅니다. 좀 더 쉽게 일어나는 법을 가르쳐 주기 위해 일부러 넘어뜨렸는지도 모릅니다. 작은 행복의 기쁨을 깨닫게 하기 위해 아픔을 줬는지도 모릅니다.

시간이 흘러갑니다.
인생이 흘러갑니다.

이 시간들 역시 나를 위한 시간이겠지요.

당신을 위한 시간이겠지요. 이 시간을 통과해야만 더 좋은 시간이 오겠지요.

孝
傳
家

바짝 바짝 말라라

젖은 마음 말리기

느닷없이 소나기가 내리면 우왕좌왕하게 됩니다.

일단 뜁니다. 비를 피할 수 있는 장소를 찾아 뛰어갑니다. 순식간에 건물 입구에 사람들이 몰려듭니다. 길거리는 휴가철이 끝난 바다처럼 한산해집니다. 일기예보에도 없던 소나기라 우산을 준비한 사람은 거의 없습니다. 빗줄기가 점점 굵어집니다. 지나가는 비가 아닌 듯싶습니다.

발을 동동 구른 채 하늘만 바라봅니다. 급한 일이 있는지 한 사람이 빗속으로 뛰어듭니다. 곧이어 다른 한 사람도 뛰어듭니다. 언제까지 기약도 없이 기다릴 수만은 없는 법. 하나 둘 다들

쏟아지는 빗방울에 몸을 맡깁니다.

비를 맞으며 터벅터벅 걸어가는 길, '느닷없음'에 대해 생각해 봅니다. 살다 보면 준비할 겨를도 없이 불쑥 찾아오는 것들이 있습니다. 사람과 사람 사이의 이별이 그렇고, 병이 그렇고, 믿었던 사람의 배신이 그렇습니다.

미리 예상한 일이라면 어느 정도 마음의 준비도 하고 피할 수 있는 길도 강구하겠지만 느닷없이 찾아오는 탓에 막을 수도 피할 수도 없습니다. 갑작스러운 일이라 더 큰 충격을 받고 상실감도 이만저만이 아닙니다. 그런데 곰곰이 생각해 보면 꼭 불행한 일만 느닷없이 찾아오는 게 아닙니다.

기쁜 일도 행복한 일도 느닷없이 찾아옵니다. 그러고 보면 세상의 모든 일이 느닷없이 찾아오는 것 같습니다. 내일 무슨 일이 일어날지는 아무도 알 수 없습니다.

소나기를 피하자고 매일 우산을 들고 다닐 수도 없는 노릇.

피할 수 없는 거라면 받아들이는 수밖에 없습니다. 그게 설령 불행한 일이더라도 말입니다. 다만 우리가 취해야 할 마음의 자세는 먹구름 뒤에 무지개가 있다는 사실, 슬픔이 다하면 행복이 그 자리를 대신한다는 사실을 믿는 것뿐.

비를 흠뻑 맞은 날, 밤새 감기 기운 때문에 끙끙 앓습니다. 그러나 며칠 지나고 나면 아무 일도 없었다는 듯 말끔히 회복하리라는 걸 의심치 않습니다. 비가 오면 맞고 볕이 드리우면 젖은 마음 말리고, 또 비가 오면 맞고, 다시 말리고…… 그러면 되는 거였습니다. 미리 걱정할 필요가 없었습니다.

오늘 날씨, 어떻습니까?

볕이 참 좋습니다.
젖은 마음,
바짝바짝 말려
훌훌 털어 내기
참 좋은 날입니다.

나를 찾아 두둥실 떠날 거야

나만 부를 수 있는 노래

우리는 마차를 타고
이 세상에서 멀어져 숲 속으로 갔네.
난 그대에게 말을 건넸고, 깊은 숲 속에 이르자
또 다른 목소리가 노래하고 있었네.

—V. 위고

고독하다고 느껴지는 순간이 있습니다.

주위에 사람이 없어서 느끼는 경우도 있고, 반대로 너무 많은 사람들 틈바구니 속에서 지내다 보니 정작 자기 자신을 잃어버려 그렇게 느끼는 경우도 있습니다.

고독이 찾아올 때 와락 껴안은 채 곁에 오래 두면 안 됩니다. 고독이란 녀석의 본래 속성이 늪과 같아서 한번 빠지면 한없이 깊어지고 길어지기 때문입니다. 고독에 익숙해지기 전에 탈출하세요. 닫힌 어둠 속에서 머물러 있지 말고 볕 좋은 날은 볕을 쬐거나 비 오는 날은 친구들을 불러 부침개라도 부쳐 먹을 일입니다. 치유라는 것, 결국 어울림 속에 있습니다. 또한 그동안 무심하고 소홀히 대했던 나 자신을 방문하여 얘기를 나누는 데 있습니다.

지금 이 순간만큼은 나만을 생각하고 나만을 안아 주고 나만을 위한 노래를 불러 보세요. 기회가 된다면 나만을 위한 여행을 떠나는 것도 좋은 방법입니다. 일상도, 인생도, 꿈도 야망도 잠시 다 털어 버리고 훌훌 날아가는 겁니다.

꽤 괜찮은 바다가 있습니다.

겨울 바다에 간 적이 있습니다. 오직 바람만을 호주머니에 넣고 홀연히 소금 냄새 따라 수평선을 오래 거닌 적이 있습니다. 갯벌과 눈발이 뒤섞여 팥빙수 같이 되어 버린 제부도. 그곳은 다소 황량해 보이고 쓸쓸해 보이기도 하지만 누구나 온전히 혼자인 법은 없습니다. 제부도를 한창 거닐다 보면 나를 유혹하는 것이 있습니다. 바로, 바지락 칼국수입니다. 수많은 칼국수 집들이 다들 자기가 원조라고 주장하지만 분명 이 겨울에도 처음 홀로 백사장을 거닌 사람이 있었던 것처럼 칼국수도 그 쫄깃한 면발과 따끈

세 번째, 내 심장에서 '그리움'이 톡,

한 국물로 가장 먼저 사람을 위로한 이가 있었을 겁니다. 그곳을 찾아가 보세요. 간판이 작고 허술한 집, 그곳에 가면 행복이 이거구나 느껴질 겁니다. 안경에 서리가 끼어 앞이 보이지 않게 되도록 바지락 칼국수를 열심히 먹다 보면 어느새 몸이 뜨거워지고, 바로 이런 맛을 위해 사는 거구나, 하는 생각까지 하게 될 겁니다.

백사장 길을 걷다 보면 또 누군가가 추파를 던집니다. 바로 갈매기입니다. 바람 속에 있으면서도 흔들림 없이 날아다니는 그들을 보고 있으면 내가 가야 할 길을, 그리고 내가 어떻게 살아가야 할지를 불현듯 깨닫게 될지도 모릅니다.

밤이 되면 그곳에서 별을 보며 며칠 정도 머물러도 좋을 것입니다.

내가 지금 섬에 갇힌 게 아니라 세상의 중심에 서 있다고 느껴질 때까지 그 섬에서 나오지 말았으면 합니다.

경계선에 균형을 잡고 서 있는 것만으로도 충분히 멋져

중간자를 위한 변명

"너는 둘 중에 어느 쪽이냐?"

이런 질문을 받고 잠시 머뭇거리자, 그가 다시 강한 어투로 똑같은 질문을 던졌습니다. 그 질문 안에는 분명 이런 의미가 담겨 있는 듯했습니다. '나랑 같은 편에 서지 않는다면 이제 우리의 인연은 여기서 끝이야.' 끝내, 대답하지 않았습니다. 우유부단하고 줏대도 없다고 말할지 모르겠지만 정말로 그게 솔직한 심정입니다. 꼭 둘 중 하나만 선택하라는 법은 없지 않습니까. 이것이 좋기도 하고 때론 싫기도 하고, 저것이 좋다가도 금세 미워지기도 하고. 둘 다 싫은 것도 아니고 그렇다고 둘 다 좋은 것도 아닌, 둘

Amigo

다 이해할 수 없다가도 둘 다 이해가 되어 버리는 그런 감정.

중간쯤.
어중간함.
어정쩡함.

이런 감정을 갖고 있다고 해서, 이런 선택을 한다고 해서 비난받을 이유도, 주눅 들 필요도 없습니다. 반드시 한쪽으로 치우쳐야만 강하고 뜨거운 게 아닙니다. 목소리만 크다고 그게 다 옳은 것도 아닙니다. 이 세상에는 목소리를 높이지 않고 꼭 필요한 경우에만 조용히 말하며 자신의 길을 묵묵히 걸어가는 사람도 많습니다. 말하지 않는다고 생각이 없는 게 아닙니다. 핏대를 세우지 않는다고 주장이 없는 게 아닙니다.

어쩌면 중간자가 더 객관적이고 이성적이며
넓은 가슴의 소유자인지도 모릅니다.
중용의 이치를 깨우친 인생의 고수인지도 모릅니다.

약보다 지금 더 절실히 필요한 건 내 마음을 알아주는 거야

마음이 통하는 사람

오랜 친구와 함께 있으면
그 누구와 함께 있을 때보다 진짜 내 모습이 될 수 있다.
서로 잘 안다는 것, 잘난 체하거나 변명할 필요가 없다는 것을
알기 때문이다.
옛 친구와는 그저 경험과 철없이 저지른 옛 일과
깊은 이해를 나누면 되지 않던가.

—실리아 브레이필드

약

어떤 집에 강도가 들었습니다. 강도는 집주인에게 권총을 겨누며 손을 들라고 소리쳤습니다. 하지만 집주인은 손을 들지 않았습니다. 강도는 다시 한 번 거칠게 위협하며 겁을 주었습니다. 그런데도 집주인은 여전히 손을 들지 않았습니다. 강도는 집주인의 뜻밖의 반응에 황당해하며 자신이 무섭지 않느냐고 물었습니다. 집주인은 고통스런 표정을 지으며 입을 열었습니다.

"신경통 때문에 도저히 손을 들 수가 없습니다."

그 말을 들은 강도의 태도가 한결 부드러워졌습니다. 그러고는 손뼉을 치며 이렇게 말했습니다. 신경통이라고요? 사실은 나도 신경통 때문에 고생하고 있는데……. 두 사람은 각자가 겪고 있는 신경통의 증세와 치료 방법에 대해 오래도록 이야기를 나누었습니다. 강도는 자신이 강도라는 사실을 잊고, 집주인은 또 강도에 대한 두려움도 잊은 채 유쾌하게 웃으며 즐겁게 대화를 나눴습니다. 그렇게 밤은 깊어 가고, 급기야 그들은 친구가 되었습니다.

이 글은 오 헨리의 단편소설 내용을 요약한 것입니다.

이 글을 통해 우리는 사람들의 천진난만한 모습을 엿볼 수 있습니다. 또 마음이 서로 통한다는 것, 그것은 그 어떤 위로나 선물보다도 값지고 소중하다는 걸 느낄 수 있습니다.

우리는 흔히 말합니다.

"네 마음 다 알아." 하지만 과연 그럴까요. 다 안다고 말하면서도 조금만 수틀리면 매몰차게 따지기 일쑤이고 상대방의 기분이나 감정 따위는 나 몰라라 외면해 버리고 맙니다. 애인이나 아내가 아프기라도 하면 "미련하게 왜 그러고 있어. 병원이나 가지" 하는 식으로 퉁명스럽게 쏘아붙입니다.

물론 맞는 말입니다. 아프면 병원에 가야지요.

그러나 지금 아픈 사람에게 필요한 건 그런 말이 아닙니다.

"네가 널 지켜 줄게!", "조금만 더 힘내자!", "곧 괜찮아질 거야!" 이런 말이 아닐까요. 같은 편이 되어 주는 것, 같은 마음이 되어 주는 것, 같은 느낌을 전하는 것, 바로 그런 것들이 필요한 겁니다. 왜 그와 나 사이에는 이렇듯 선명하게 마음의 간격이 생긴 걸까, 이런 고민을 하신다면 그 해결책은 간단합니다.

내 마음의 깊이를 그의 마음의 깊이에 맞추는 것입니다.

물론 말처럼 쉽진 않겠지만, 그 방법밖에 없습니다.

손해 보는 느낌도 들겠고, 자존심도 상하겠지만, 뭐 그게 중요합니까.

하나가 된다는 것,
마음과 마음이 소통하고 위로가 된다는 것,
그게 더 아름다운 것입니다.

NO. FOUR

네 번째,

우리 기억속에서 '추억'이 톡,

잠시 걸음을 멈추고 앉도록 해.
그리고 걸어온 길을 한번 쳐다봐.
참 많은 길을 걸어온 것 같아.
그 길 위에서 많은 사람을 만났고,
많은 사건도 있었고,
눈물도 많이 흘렸지.

이제는 저 앞을 봐.
네가 가지 않는 길,
앞으로 가야 할 길,
그 길이 너를 이끌 거야.

잠시 걸음을 멈추고 눈을 감아 봐.
그리고 생각해 봐.
너의 일상, 너의 사람, 너의 꿈에 대해서.

브브링

순간, 스쳐 지나갔어 그 생각이

'문득'과 '왈칵' 사이

'문득'이란 단어를 좋아합니다.

머릿속에 언제나 머물러 있는 생각이 아니라 갑작스레 찾아오는 생각. 커피를 마시다가 문득 커피 잔에 그대의 얼굴이 아른거립니다. 그랬지요. 그대는 참 커피를 좋아했지요.

비 오는 날, 덩그러니 방에 앉아 있으면 문득 막걸리에 파전을 먹던 생각이 납니다. 그랬지요. 그때는 얼굴만 보고 있어도 좋았지요.

식당 아줌마가 내놓는 보글보글 청국장을 보면 문득 고향에 계신 어머니가 생각납니다. 그랬지요. 어머니의 청국장이 일품이었지요.

꽃집 앞을 지나다가 안개꽃 한 다발을 보았습니다. 문득 해맑은 친구들의 얼굴이 떠올랐습니다. 그랬지요. 그땐 뭐가 그리도 궁금한 게 많았는지 하나에서 열까지 알고 싶은 것 투성이였지요.

파란 하늘을 보다가 문득 파란 바다가 생각납니다. 그랬지요. 꿈이 담긴 유리병을 바다에 띄우면 그 꿈이 이루어질 즈음 다시 내게로 오리라 믿었지요.

'왈칵'이란 단어도 좋아합니다.

거센 바람처럼 순식간에 닥쳐 오는 울컥하는 감정. "괜찮아"라는 말에 왈칵 눈물이 났습니다. 왜 이렇게 못났을까, 왜 또 이런 실수를 저질렀을까, 한없이 내 자신이 한심했는데 그대가 건넨 한마디 위로의 말에 나도 모르게 눈시울이 붉어졌습니다.

"왜 이제 왔어"라는 말에 또 왈칵 눈물이 났습니다. 나 혼자만 그리워하는 줄 알았는데, 망설이고 망설이다가 마지막이라 생각하고 용기 내서 왔는데 왜 이제 왔느냐며 그대가 날 안아 주었습니다. 그대 품에 안겨 하염없이 눈물을 흘렸습니다.

여의도 공원 나무의자에 앉아 바람에 날리는 벚꽃 잎을 보며 왈칵 눈물이 났습니다. 이제 막 피기 시작했는데 금세 사라져야 한다는 게 왠지 안타깝게 느껴졌습니다. 그러나 다시 웃습니다. 분명 내년 봄에도 꽃은 피고 내 인생 역시 꽃 피는 날이 올 테니까요.

문득과 왈칵.

그 두 단어 사이에 말로는 다 하지 못하는 생각과 감정이 있습니다. 문득 그립다가도 왈칵 눈물이 나는 이유, 다 그리움 때문입니다. 어쩌면 우리가 부족하기에, 서툴기에, 차마 건네지 못한 말이 있기에 두 단어가 불쑥불쑥 찾아오는 거겠지요.

오늘 당신의 문득과 왈칵 사이에는 무엇이 있습니까?
그 무엇이 바로 당신이 간절히 원하는 것,
바라는 마음,
이루고 싶은 꿈이 아닐는지요.

브브링

나는야 빵순이, 먹어도 먹어도 물리지 않아

빵빵빵 인생

빵 레시피를 따라 빵을 한번 만들어 볼까요.

1. 시장에 가서 밀가루와 각종 재료를 삽니다.
   준비된 자는 아무것도 두려울 게 없으며 과감히 일을 추진할 수 있는 힘이 생깁니다.

2. 밀가루와 물 그리고 계란을 잘 섞습니다.
   삶은 혼자가 아닙니다. 또한 인간관계의 성공은 경쟁이 아니라 조화에 있습니다.

Straw
berry

3. 반죽된 밀가루에 이스트를 넣고 부풀어 오를 때까지 기다립니다.

조급하게 굴면 실수하기 마련입니다. 하나하나 꼼꼼히 따지며 점검하고 능력을 최대로 끌어올린 후 시도해도 늦지 않습니다. 로마는 하루아침에 만들어진 것이 아닙니다.

4. 예쁘게 빵 모양을 만듭니다.

시련이나 아픔, 분노 등등. 인생에서 뜻하지 않은 장애물들과 마주쳤을 때 어떤 삶의 자세를 취할지 생각해 보세요. 당신이 생각하는 자세가 당신의 인생에 고스란히 반영됩니다. 그런 까닭에 이왕이면 멋지고 아름답고 긍정적인 것이 좋겠지요.

5. 오픈에 넣고 구워질 때까지 기다립니다.

이 단계에서는 멋진 성과를 기대하며 잠시 여유롭게 쉬어도 좋습니다. 앞만 보고 달려오느라 수고 많았으니 모든 것을 다 훌훌 털고 콧노래를 부르며 행복을 만끽하세요. 잠깐의 달콤한 휴식과 여유. 그게 없으면 삶은 건빵처럼 퍽퍽하고 재미가 없습니다.

6. 먹음직스러운 빵이 완성되었습니다. 이제 맛있게 드십시오.

인생도 맛있게 사십시오. 부드럽게 사십시오. 빵빵빵, 웃음 터뜨리며 사십시오.

인생이란,
어쩌면 한 조각 빵과도 같은 게 아닐까요!

꽉 잡아,
내 마음을

우체국에서는

이른 아침, 우체국에 갑니다. 서점에 들러 시집 한 권과 밤새 쓴 편지 한 통을 자전거에 싣고 우체국에 갑니다. 아침햇살이 신호등에 걸릴 때마다, 내 생이 브레이크를 질끈 잡을 때마다, 행여 자전거 짐칸에 매단 누런 봉투가 아파하지 않을까 자꾸만 뒤를 돌아보게 됩니다.

우체국에서는 항상 사람 냄새가 납니다. 그리움의 향기가 가득합니다. 아직도 이 세상에는 말 못할 그리움이 더 많은가 봅니다. 내 이름보다도 그대 이름이 더 크게 적힌 봉투를 저울에 올려놓습니다. 몇 그램이나 나갈까. 우체국 여직원은 방황하는 저울

바늘의 끝을 바라봅니다. 문득, 봉투의 무게가 내 사랑의 무게일지도 모른다는 생각에 괜스레 두 볼이 발갛게 달아오릅니다.

며칠 후면 지구의 한 모퉁이에 닿을 내 그리움의 편린들.

악어 입 같은 우체통에 고이고이 묻어 두고 자전거에 몸을 싣습니다.

집으로 돌아오는 길, 겨울바람이 자전거 앞바퀴에 걸려 치즈처럼 얇게 잘려 나갑니다. 바람은 여전히 매섭고, 가슴팍이 시려옵니다. 그래도 마음만은 봄날입니다.

보이니?
저 알 속에 날개가 있어

도토리 속 알맹이, 알 속 생명

이 세상은 언제나 어두워,
도토리 속 알맹이는 늘 이렇게 생각하겠지요.
이 세상은 너무 답답해,
아직 깨어나지 못한 알도 그렇게 생각하겠지요.
아침이 지나면 낮이 되고, 낮이 지나면 저녁이 되고,
달님이 잠들면 다시 환한 아침이 된다는 사실을
그들은 까마득히 모르겠지요.
껍질에 가려져 있기에 도토리 속 알맹이는, 알 속 생명은
이 세상엔 암흑만 존재할 거라고 생각하겠지요.

하지만 이 세상이 얼마나 다채롭습니까.
하루에도 수없이 많은 커플이 만났다 헤어지고,

지구 궤도를 인공위성이 떠다니고,
고백하지 못한 채 가슴앓이하는 바보들도 있고,
저녁 늦게까지 코피 흘려 가며 공부하는 이들이 있고,
병마와 싸우며 위기를 이겨 내는 강한 사람들도 있습니다.
인생을 사는 동안, 늘 즐거운 일만 있으라는 법은 없지만
그렇다고 힘들고 고통스러운 일만 있으라는 법도 없죠.
예측할 수 없는 인생이기에 더 살 만한 거 아닐까요.

도토리 속 알맹이도, 알 속 생명도
이러한 것들을 누릴 자격이 있습니다.
물론 노력이 필요합니다.
적어도 그 두꺼운 껍질을 깨고 나온 이후에야
이 모든 것들이 가능하겠죠.
그리고 점점 커 가면서 알게 될 것입니다.
자기 자신이 거대한 숲을 이루는 갈참나무라는 사실을요.
자기 자신이 멋진 날개를 가졌다는 사실을요.

당신도 이제 깨고 나오세요.
틀 밖으로, 습관 밖으로, 타성 밖으로.
그 모든 것들을 과감히 깨뜨리는 순간, 당신은 저 앞에서
당신을 기다리는 그 누군가를 만나게 될 것입니다.

당신보다 더 멋진 또 다른 당신을.

나 한 걸음 너 한 걸음, 그러면 만나겠지

이 사람이 아니라면 죽어도 좋다

그대의 기슭을 떠나는 배가 많다 하여도
그대의 해안에 정박하는 배들이 아무리 많다 하여도
그대는 단지 하나의 섬일지니
고독 속에 있을진대
오, 누가 그대의 마음을 알아줄 것인가
그대와 마음을 나눌 사람
그대를 이해해 줄 사람 과연 누가 있겠는가!

—칼릴 지브란

seoul park
48
3

한 사람아, 내게 다가올 한 사람아.

굳이 말하지 않아도 됩니다. 나 또한 말하지 않겠습니다. 미워서 그런 게 아닙니다.

그렇습니다. 어쩌면 사랑이란 하고 싶은 말을 다 하지 말아야 하는 것인지도 모릅니다. 모른 척 그렇게 조금씩 조금씩 자라나는 선인장 가시처럼 때론 가만히 지켜봐 주는 것인지도 모릅니다.

느낌만으로도 서로의 마음을 다 아는 것처럼 손을 내주고, 마음을 포개면 안 됩니다. 더디고 약간은 천천히, 서두르지 않는 사랑이 더욱 값진 사랑으로 가는 유일한 방법이기에.

굳이 우리 말하지 맙시다. 사랑한다고, 너 뿐이라고, 쉽게 내뱉지 맙시다.

넘치지도 않고 모자라지도 않은, 그리하여 시작도 없으므로 끝도 없는 그런, 더디고 질긴 그리움만을 가슴에 새깁시다. 서로 끔찍이 사랑하는 고슴도치도 어느 정도의 거리를 두기 마련입니다. 좋다고, 예쁘다고, 무턱대고 자신의 소유로 만들려 한다면 결국에는 서로에게 치유할 수 없는 상처를 주게 되기 때문입니다.

이 사람이다. 이 사람이 아니라면 죽어도 좋다. 터져 버릴 것 같은 운명, 이 사람이 아니면 두 번 다시 사랑할 수 없을 거라 느꺼지는 그런 순간이 오기 전까지는 우리 사랑을 조금만 더 가슴 속에 숨겨 둡시다.

사랑이 가볍지 않게,
영혼이 가볍지 않게,
너라면 죽어도 좋을,

그렇게 내게 다가올
내 한 사람아.

널 위해 만든 꽃방석이야, 앉아 봐

왜 우리는

우리가 살아가면서
사랑한다는 말보다 헤어지자는 말을
더 많이 내뱉는다는 사실을
그대는 아시나요?

우리가 살아가면서
자신이 행복하다는 말보다 불행하다는 말을,
그리고 못살겠다는 말을
더 많이 한다는 걸

그대는 아시나요?

우리가 살아가면서
사랑하는 시간보다
그리움의 시간이 더 많다는 걸
그대는 아시나요?

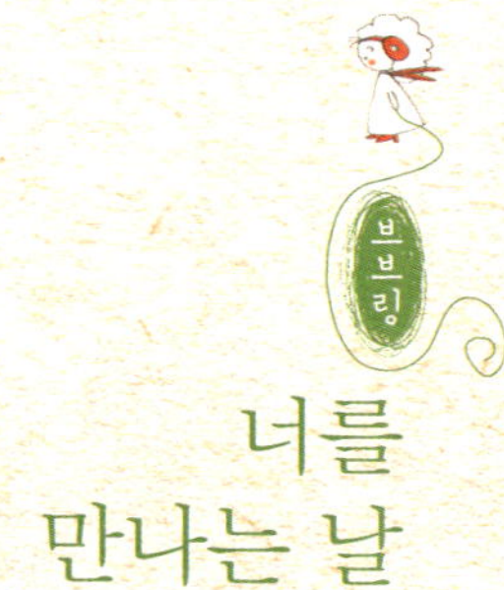

너를 만나는 날

사람과 사람은

이제 만나야 합니다.
더 이상 이별로 인한 눈물은 없어야 합니다.
늘 혼자일 필요는 없습니다.

비가 오는 날에도
나비는 꽃을 향해 날아가고
안개 낀 새벽녘에도
자동차는 그리운 바다를 향해 질주합니다.

네 번째, 우리 기억속에서 '추억'이 톡,

아무리 다짐하고 또 다짐한다 해도
사람은 사람을 벗어나
살아갈 수 없는 법.

만남 그 자체가 두려운 건
어쩌면 더욱더 진실한 사람을 만나고픈
간절함 때문인지도 모릅니다.

겨울이 오기 전에
인생이 다 가기 전에
우리는 만나야 합니다.
그리운 것들은 비비대며 살아야 하기에,
사람은 원래 그리운 존재이기에

이제 만나야 합니다.
사람과 사람은
다시, 만나야 합니다.

브브링

너의 마음 얘기를 들어 줄게

명함에 대한 반성

내가 그의 이름을 불러 준 것처럼
나의 이 빛깔과 향기에 알맞은
누가 나의 이름을 불러다오.
그에게로 가서 나도
그의 꽃이 되고 싶다.

우리들은 모두 무엇이 되고 싶다.
너는 나에게 나는 너에게
잊혀지지 않는 하나의 눈짓이 되고 싶다.

우리에게 너무나도 잘 알려진 시인 김춘수 님의 「꽃」의 일부입니다.

나 아닌 다른 이에게 내 존재가 기억된다는 것, 그것만큼 기쁜 일도 없을 겁니다. 예상치도 못했는데 누군가가 내 이름 석 자를 기억해 주고 또박또박 이름까지 불러 준다면 그 날은 그 일만으로도 기분이 좋아집니다.

그러고 보면 미술관에 걸린 작품들 중 이름이 적히지 않은 채 그냥 '무제'라는 이름으로 걸린 작품들은 왠지 안쓰럽고 처량하다는 생각도 들긴 합니다. 물론 작가의 의도나 의미가 있겠지만 세상에 나와 이름 하나 갖지 못하고 사라진다고 생각하니 왠지 마음이 쓸쓸해집니다.

오늘도 참 많은 사람과 만나고 헤어졌습니다. 하루에도 수 십 장씩 가슴 한편에 쌓여 가는 명함들.

과연 내가 기억하는 이름은 그중 몇 명이나 될까,
생각해 보게 됩니다.
반성하고,
미안하고,
부끄러워지는 밤입니다.

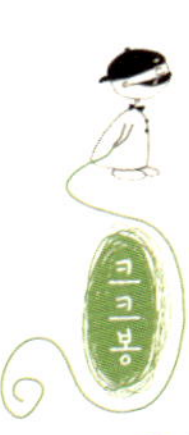

하늘이 내려준 눈 침대, 너를 위해 옆자리를 비워 두었어

눈의 추억

눈이 온다는 소식을 들은 건 출근길, 삼각지를 돌아가는 버스에서였습니다.

운전기사가 브레이크를 밟을 때마다 사람들은 밀리지 않으려 안간힘을 썼고, 괜한 오해를 받지 않기 위해 아가씨 앞에 서 있던 그는 필사적으로 손을 엿가락처럼 늘려 간신히 손잡이를 잡습니다.

버스는 달리고 사람은 내리지 않았습니다.

어디를 향해 가는 것일까. 사람의 얼굴은 붉게 달아오르고 누

구 하나 웃는 얼굴이 없습니다.

사람들의 머리 위에서 김이 모락모락 피어나고 그의 새로 산 신발에 발자국이 수없이 찍힐 즈음 반갑게도 눈 소식이 들려온 것입니다.

지지직, 지지직.

라디오에서 희미하게 들려오는, 오늘 밤 눈이 온다는 소식.

순간, 사람들은 설레는 얼굴로 밖을 내다보았고, 그는 그 틈을 타 앞에 있는 아가씨의 어깨에 그리움을 기대고 말았습니다.

눈 오는 그날 밤,
옛 추억을 생각하며.

너희들 잘살고 있지?

그 추억, 그 친구들

모래로 밥을 짓고
자갈로 국 끓이고
설거지는 시냇물에 맡깁니다.

산 그림자가 드리우면
토끼풀로 만든 손목시계 바라보며
밥 연기가 나는 마을로 우린 향합니다.

코스모스 길 걸으며

나중에 커서
꼭 결혼하자며,
우리 사랑 변치 말자며,
내 손을 꼭 쥐던 그 아이.

지금은 어디서 무얼 할까.
아직도 누군가를 위해
밥을 지을까.
토끼풀 시계는
멈춰 버렸을까

소주가 가슴까지 적신 날,
문득 그리워
가을 달에게
그 애의 안부 묻습니다.

크크봉

사람이 술을 마시는 날,
술이 사람을 마시는 날

술술술—, 술 따르는 소리

술.

마시는 사람의 기분에 따라 다르게 작용합니다.

기분 좋은 날 마시는 술은 아무리 마셔도 취하지 않습니다. 기분이 들뜨고, 밤이 깊어도 전혀 피곤하지 않고, 주고받는 말도 많아지고, 모든 것이 다 예쁘고 사랑스럽게 보입니다. 술병도, 조명도, 탱탱 불은 어묵도, 심지어 사람까지도.

다음 날 아침, 몸이 부대낄 만도 한데 이상하리만큼 가뿐하고 개운합니다. 활기가 넘치고 얼굴에 빛이 납니다. 아, 어제 마신

GEKKEIKAN SAKE U.S.A.

건 술이 아니라 피로회복제구나. 술이 고마워집니다.

속상한 날 먹는 술은 다른 반응을 보입니다.

일단 쓰디씁니다. 안주가 눈에 보이지 않아 연거푸 마시게 됩니다. 주고받는 말도 없고 얼굴에 그림자가 드리워집니다. 왈칵 눈물이 나기도 하고 객기나 한번 부려 볼까 마음이 오락가락합니다. 주량을 다 채우려면 아직 멀었는데 벌써부터 몸이 흔들리고 혀가 꼬입니다.

계속해서 술잔을 든 손목이 꺾입니다. 어떻게 집에 왔는지 기억조차 나지 않고 온몸이 쿡쿡 쑤십니다. 속이 쓰려 밤새 몸을 뒤척거리고 애벌레처럼 웅크립니다. 창문을 통해 들어온 햇살이 성가시고 모든 것이 다 귀찮아집니다. 아, 어제 먹은 건 술이 아니라 독약이구나. 생각만 해도 속이 울렁거리고 머리가 지끈지끈 아파 옵니다.

술잔 안에 지금 당신이 담겨져 있습니다.
당신은 지금 어떤 모습입니까?

내 인생,
무슨 색으로 칠할까?

꼴등을 위한 응원가

57명 중에 57등.
괜찮습니다. 양보심이 대단한 것일 뿐.
축하합니다. 57가지의 가능성을 확보한 것.
꿈꾸삼. 그것보다 강력한 무기는 이 세상에 없음.
칠하삼. 따라하지 말고 자기만의 색깔로 자신의 인생을.
보여 주삼. 모든 경기의 묘미는 뒤집기에 있음을.

네 번째, 우리 기억속에서 '추억'이 톡,

마음의 문을 여는 건 열쇠가 아니라 따뜻한 말 한마디야

마음을 움직이는 말의 힘

문제를 발견하거나 해결하는 데에는
때때로 차가운 이성보다도
감성이 더 유효하거나 필요할 때가 있다.
그렇다면 감성은 어떻게 형성될까?
감성은 지식 습득만으론 채울 수 없다.
평소와는 다른 환경 속에서
여러 가지 다양한 경험을 통해서 얻을 수 있는 것이다.

—구니시 요시히코

한 장님이 팻말을 목에 걸고 지하철 입구에서
구걸을 하고 있었습니다.
그 팻말에는 이런 글귀가 씌어져 있었습니다.
"저는 태어날 때부터 장님입니다."

그곳을 지나가는 사람들은 무척 많았으나
그에게 동전을 주는 사람은 거의 없었습니다.
어느 날 장님이 쪼그려 앉아 빵조각을 먹는 모습을
물끄러미 바라보고 있던 한 청년이 그에게 다가갔습니다.
불쌍한 마음에 그는 장님의 팻말에 적힌 문구를
바꿔 주기로 했습니다.
그 청년은 팻말에 깨끗한 종이를 한 장 씌운 뒤
그 위에 글을 썼습니다.
'저는 봄이 와도 꽃을 볼 수 없답니다.'

신기하게도 그 후 지나가는 사람들의 태도에
변화가 일어나기 시작했습니다.
연민의 눈으로 바라보거나 깡통에
아낌없이 동전을 넣는 사람이 많아졌습니다.

참 신기하죠.
단지 글자 몇 개 바꿨을 뿐 장님의 처지는
전혀 달라진 게 없는데…….

그런데도 그 바뀐 한 문장 덕분에 사람들은
마음의 문을 열기 시작한 것입니다.
어쩌면 각박하게만 보이는 현대인들도
자신의 따뜻한 감성을 드러낼
기회를 기다리고 있는 것인지 모릅니다.
누군가 그 감성의 꽃망울을 살짝 건드려 주기만 하면
당장이라도 만개할 준비를 하고 있는 게 아닐까요.
마음과 마음 사이에 감성의 시냇물이 흐르고,
그 감성의 물이 다른 사람의 마음에 가 닿는다면
이 세상의 닫힌 문들은 모두 활짝 열릴 것입니다.

당신의 따뜻한 감성으로 이 세상을
좀 더 아름답게 만들어 주세요.

NO. FIVE

다섯 번째,

너와 나의 얼굴에서 '행복의 미소'가 톡,

우주 밖에서 찾지 마.
우주 안에서 찾도록 해.

사람 밖에서 찾지 마.
사람 안에서 찾도록 해.

꿈 밖에서 찾지 마.
꿈 안에서 찾도록 해.

찾으면 다 나오게 되어 있어.
평소에 조금만 더 관심을 갖고 쳐다보면 돼.

네가 위로 올라갈 때도,
네가 커졌을 때도,
네가 아래로 내려올 때도,
네가 초라해질 때도
언제나 그는 그 자리에 있었어.

네가 쳐다봐 주면 돼.
그러면 그건 네 거야.

브브링

쇼핑하듯,
인생도 가볍고 경쾌하게

망해사 연가

단풍잎 꽂은 시집을 한 권 손에 들고 길을 걷습니다.

이따금씩 마을버스가 지나가고, 저만치 서 있던 허수아비는 피곤했던지 기지개를 켭니다. 걷다가 지치면 시 한 줄 먹고, 또 걷다가 지치면 코스모스와 인사합니다. 지루하다 싶으면 낡은 전봇대 위에 휘파람을 걸쳐 놓고 새의 그림자 밟기를 하며 한 발 한 발 경쾌하게 내딛습니다.

언제나 길은 새롭고 끝이 없습니다. 모퉁이만 돌아가면 다 닿을 것 같지만 길은 언제나 마술처럼 또 다른 길을 잉태합니다. 혼자 있다는 것이 그리 외롭고 쓸쓸한 일만은 아닙니다. 적어도 지

금 이 순간만큼은 울퉁불퉁한 이 길이 내겐 친구이고 연인이 됩니다. 가끔 사는 일이 건빵처럼 퍽퍽하게 느껴지고 거미줄 같은 인간관계에서 잠시 벗어나고 싶을 때면 어김없이 망해사를 향합니다.

김제에서 1차선 국도를 따라 걷다 보면 절과 바다가 하나가 되는 곳이 있습니다. 그곳이 바로 망해사입니다 바다를 향해 얼굴을 내민 작은 암자는 늘 바다를 그리워했고, 바다 역시 그 마음을 품으며 다가오려고 파도를 일으켰습니다. 암자와 바다를 번갈아 보며 꽤 오랜 시간을 보냈습니다.

밤이 되어 다시 도시로 돌아오는 길, 사람의 인연이라는 것에 대해 생각해 봅니다. 서로를 향한 보이지 않는 끈을 같은 시간, 같은 힘으로 잡아당겨야 이루어지는 것, 그것이 바로 인연이 아닐까 생각해 봅니다. 지금은 내 앞에 놓인 끈을 혼자서 당기고 있지만 이 끈을 놓을 수는 없습니다. 누군가가 이 끈을 당겼을 때 바로 알아차려야 하기 때문입니다.

자리에 누워 창밖을 봅니다. 여전히 갈매기 소리와 파도 소리, 암자의 풍경 소리가 귓전을 스칩니다. 언젠가는 꼭 망해사에 다시 한 번 가 봐야겠습니다.

그때는 손을 잡고,
그 누군가와 함께.

지치지도 않니? 하루 종일 웃네

반가워! 어린 나

'변수'라는 말은 대개 좋은 의미로 쓰이지 않습니다.

뜻하지 않은 불길한 일이나 인생의 발목을 잡는 몹쓸 것. 가령 버스비를 내고 나니 호주머니에 돈이 한 푼도 남아 있지 않다든지, 오늘 일을 끝낸 뒤 내일 모처럼 일상을 훌훌 털고 여행을 떠나려 했는데 퇴근 직전 일이 꼬여 밤샘작업을 해야 한다든지, 새로 산 근사한 옷을 입고 맘껏 폼을 잡으며 나왔는데 갑자기 비가 온다든지…….

살다 보면 불쑥 찾아오는 예기치 않은 변수 때문에 일이 꼬이고, 그 꼬인 일 때문에 창자도 꼬이고, 뇌의 회로도 꼬이고, 인생

도 꼬입니다. 한숨이 나오고, 짜증이 나고, 머리에서 발끝까지 열이 뻗칩니다.

허나, 어쩌겠습니까? 꼬인 매듭을 천천히 풀어야지요.

하나 둘, 하나 둘. 숨 고르기로 마음을 진정시키고 다시 시작해야지요.

스트레스로 가득한 마음, 짜증으로 가득한 마음, 그것을 푸는 가장 좋은 방법을 알려 드리겠습니다.

그것은 바로 아이들의 얼굴을 바라보는 것. 놀이터에서 모래성을 쌓는 아이의 얼굴, 그네에 매달려 하늘의 치마 속을 훔쳐보는 아이의 얼굴, 나무그늘 아래에서 엄마의 무릎을 베고 스르르 단잠을 자는 아이의 얼굴……. 그 아이들의 얼굴을 보고 있으면 당신도 어느새 얼굴에 엷은 미소가 번집니다.

당신에게도 어린 시절이 있었지요.

하루 종일 이유도 없이 웃던 날이 있었지요. 개미에게 인사하고 구름과 악수하던 날이 있었지요. 새소리에 춤추고 늘 휘파람을 불고 다니며 룰루랄라 콧노래를 부르던 날이 있었지요.

마음이 답답하고 짜증나는 일이 생길 때면 초등학교 운동장에 한번 가 보세요.

거기에서 어린 당신을 만나 보세요. 당신은 다시 웃을 수 있습니다. 다시 행복해질 수 있습니다. 어쩌면, 꼬인 인생을 풀어 나갈 묘안이 떠오를 수도 있습니다.

어린 당신이 커 버린 당신에게 주는 선물입니다.

크크봉

멀리서 찾지 마,
백마 탄 왕자가 바로 네 곁에 있잖아

바로 옆에, 바로 밑에

인연은 늘 가까운 곳에 있습니다.

날개가 있다고 저 먼 곳에서만 찾는다면 이 세상에 이룰 수 있는 인연은 없습니다. 날개는 날 때보다 접어야 할 때 접을 줄 알아야 하는 법. 노을 저 건너편에 그 무엇이 있겠거니 생각하지만 막상 가 보면 대단할 게 없습니다.

너무 가까이 있기에 그 소중함을 몰랐을 뿐 결국 당신이 힘들 때 손을 내밀 수 있는 사람, 바로 당신 곁에 있는 사람입니다. 함께 있을 때는 모르지만 막상 눈에 안 보이면 불안하고 궁금해지는 사람, 그 사람이 바로 당신에게 필요한 사람입니다.

소중한 것들은 늘 가까이에 있습니다.

행복도 마찬가지입니다. 그리 멀지 않은 곳에 있습니다. 화분에 핀 앙증맞은 꽃에도 행복이 있고, 창가에 내려앉은 햇살에도 행복이 있고, 꼬리를 흔들어 대며 달려드는 강아지에게도 행복이 있습니다. 마음의 눈만 크게 뜨면 온 세상에 행복이 넘쳐나고 그 모든 행복이 내 것이 될 수 있습니다.

이렇게 말해 보는 건 어떨까요. "나는 이것 때문에 행복해. 저것 때문에도 행복해. 가진 게 너무 많아. 이게 없어도 괜찮아. 저게 없어도 괜찮아. 이 정도 만으로도 충분히 행복해"라고. 이렇게 말하는 습관을 들이다 보면 자기도 모르는 사이 진짜로 행복해집니다.

고개를 살짝 돌려 옆을 보세요.
그곳에 당신이 찾던 사람이 있습니다.
이번엔 살짝 아래를 보세요.
그곳에 당신이 찾던 행복이 있습니다.

나만 들을 수 있는 노래

당신이 부르던 노래

이 노래를 기억하십니까?

♬♪

코끼리 아저씨가 나뭇잎 타고서 태평양 건너갈 때에
고래 아가씨 코끼리 아저씨 보고 첫눈에 반해
스리슬쩍 윙크했대요.
당신은 육지 멋쟁이, 나는 바다 예쁜이.
천생연분 결혼합시다. 어머 어머 어머 어머
예식장은 용궁 예식장 주례는 문어 박사

다섯 번째, 너와 나의 얼굴에서 '행복의 미소'가 톡,

피아노는 오징어 예물은 조개껍데기.

혹시, 이 노래를 기억하십니까?

당신이 어렸을 때 한번쯤 들어 보았거나 흥얼거려 보았던 노래입니다.

기억나지 않는다고요? 한 번도 들어 본 적이 없다고요?

아닙니다. 당신은 분명 이 노래를 소리 높여 불렀던 아이였습니다.

마을 공터에서 밥도 잊은 채 불렀던 아이였습니다.

기억을 되살려 다시 한번 불러 보세요.

당신만 변했지 이 노래는 그대로입니다.

잠시라도 가는 길을 멈추고, 인생의 무게를 내려놓고 흥얼거려 보세요.

그때 그 마음,
천진난만한
그 모습으로
여행을
떠나 보세요.

크크봉

기다리는 편지는 오지 않고

우편함, 그 기다림의 미학

예전에 읽었던 시집 몇 권을 꺼내 읽습니다. 좋은 시들이 여럿 눈에 띄지만 단연 황동규 시인의 「즐거운 편지」가 돋보입니다.

내 그대를 생각함은 항상 그대가 앉아 있는 배경에서
해가 지고 바람이 부는 일처럼 사소한 일일 것이나
언젠가 그대가 한없이 괴로움 속을 헤맬 때에
오랫동안 전해 오던 그 사소함으로 그대를 불러 보리라.

그러고 보면 예전에는 편지를 참 많이도 주고받았습니다.

우편번호: 140-
호
통
반)
이삿짐
019-345-8989
열심 이삿짐용달
010-8675-1225
소형이사 각종화물

차마 말로 건네지 못할 말이 있으면 편지로 대신했습니다. 밤새 쓴 편지를 아침에 다시 읽어 보면 그렇게 유치할 수가 없었습니다. 고치고 또 고쳐 가까스로 완성된 편지, 그 편지를 가슴에 품고 우체국으로 달려갑니다. 답장을 줬으면 하는 간절한 마음에 우표를 한 장 봉투에 넣어 보냅니다.

하루 이틀 삼 일, 지금쯤이면 편지가 도착했을 텐데……. 내 편지를 받은 그의 얼굴 표정은 어떻게 바뀔까 생각하니 괜히 마음이 떨려 옵니다. 또 하루가 지나고 이틀이 지나도 내 시선은 계속 우편함에 고정되어 있습니다. 그러다가 저만치서 우체부 아저씨 모습이 보이기 시작하면 그 옆으로 다가가 기웃거립니다.

기다리는 편지는 오지 않고 우편함에는 고지서만 쌓여 갑니다.

답장은 없었지만 그래도 괜찮습니다. 편지 쓰는 내내 행복했고 편지를 기다리는 동안에도 역시 행복했으니까요.

오다가다 우편함을 살펴봅니다. 혹시나 고지서 사이에 끼어 있지 않을까 하고 우편함을 뒤적거려 봅니다. 없다는 걸 확실히 확인하니 오히려 마음이 후련해집니다.

다만 내일은 또 어떤 자세로 기다릴까
그게 걱정입니다.

너희들의 이야기가 궁금해

갈대밭 사랑

우연히 갈대밭을 지나갈 기회를 만나면 반드시 그 속으로 들어가 보세요.

처음엔 갈대가 흔들리는 이유가 순전히 지나가는 바람 탓인 줄 알았지요.

그런데 그게 아니더군요.

어느 날, 갈대와 키재기를 해 보려고 갈대밭에 들어간 적이 있었어요. 그날도 갈대가 흔들렸어요.

하지만 귀를 쫑긋 세워도 안경보다 더 크게 눈을 치켜떠도 바람 한 점도 불지 않았어요.

다섯 번째, 너와 나의 얼굴에서 '행복의 미소'가 톡,

그런데 갈대는 흔들렸어요.

왜 그럴까?

분명 바람이 없는데, 왜 흔들리는 걸까?

눈을 비비고
자세히 들여다보니
추운 겨울 날,
한 쌍의 참새가
서로에게 온기를
나눠 주려고
몸을 비비대고
있었던 것입니다.

브브링

여자들은 숫자에 민감해

양파 다이어트

1. 먼저 양파 3개를 깨끗이 씻어 냄비에 넣고 여기에 물 한 대접을 부은 뒤 푹 삶는다.
2. 양파가 흐물흐물해지면서 양파즙이 생긴다.
3. 보리차 대신 수시로 먹으면 살이 빠진다.

살을 빼기 위해 한 이틀 양파즙만 먹다 보니 속이 쓰리고 맛이 역겨워 고통스러웠습니다. 더 이상은 못 견디겠다 싶어 이것저것 먹게 됩니다. 결국, 하루 세 끼에 간식, 야식까지 다 챙겨 먹고 양파즙까지 더 먹는 꼴이 됩니다.

이미 갖고 있는 것을 줄인다는 게 생각처럼 쉬운 일이 아닙니다.

어찌 살뿐이겠습니까.

생각도 줄일 줄 알아야 하고, 소유도 줄일 줄 알아야 하고, 욕심도 줄일 줄 알아야 합니다. 사실 따지고 보면 생각이라는 게 대부분 쓸데없는 걱정이나 근심입니다. 막상 일이 닥치면 아무것도 아니거나 충분히 해낼 수 있는 일인데 미리 걱정부터 하다 보니 일이 더 크게 느껴지고 제 기량을 발휘하지도 못하게 됩니다.

소유도 줄여야 합니다. 굳이 필요도 없을 것들을 붙들고 있다 보면 계속해서 짐만 늘어나고 정리가 되지 않아 너저분해집니다. 욕심도 마찬가지입니다. 내 것으로도 충분한데 남의 것을 탐하고 시기하기 때문에 마찰이 생기고 마음에 상처가 생깁니다.

냉장고 야채 칸에는 양파즙이 여전히 많이 남아 있습니다. 포도즙도 뒤섞여 있습니다. 이번에도 줄이지 못하고, 버리지 못하고, 그냥 그대로 살아갑니다.

한번 갖게 된 것들은 왜 그렇게 버리지 못하는 건지, 참 대책 없는 하루입니다.

아, 보인다 나의 반쪽

절반의 함정

남자는 자신의 반쪽을 찾기 위해 이곳저곳을 돌아다니며 십여 년째 헤맸습니다. 아무리 찾아봐도 보이지 않았습니다. 세상에는 내 반쪽이 없다고 결론을 내리려는 순간, 한 여자가 눈에 들어왔습니다. 바로 저 사람이야! 자신의 나머지 절반을 채워 줄 수 있을 것 같은 여자를 발견한 것입니다.

여자도 남자를 보는 순간, 기뻐 어쩔 줄 몰랐습니다. 그녀 역시 자신의 반쪽을 찾기 위해 오랜 시간을 보내야 했습니다. 그녀 역시 첫눈에 그 남자가 자신의 절반을 채워 줄 사람이라고 느꼈

다섯 번째, 너와 나의 얼굴에서 '행복의 미소'가 톡,

던 것입니다.

세상에 이런 인연이 있을까. 남자와 여자는 서로 부둥켜안았습니다. 이것은 단순한 인연이 아니라 기적과도 같은 운명이었습니다. 애틋함과 간절함이 금세 둘을 가깝게 만들었습니다.

첫날은 뜨거웠습니다. 다음 날은 따뜻했습니다. 그 다음 날은 미지근했습니다. 시간이 흐름에 따라 둘 사이엔 차츰 냉기가 돌기 시작했습니다. 남자는 생각했습니다. '저 여자는 내 절반을 채워 줄 수 없어!' 여자 역시 생각했습니다. '저 남자는 내 절반을 채워 줄 수 없어!'

두 사람은 서로에게 실망했습니다. 두 사람은 기본적인 가치관에서 구체적인 생활 방식에 이르기까지 서로 너무나 다르다고 느꼈습니다. 각자가 가진 단점이 각자의 눈에 점점 더 크게 보이기 시작했고 서로 자기만이 옳다고 주장했습니다. 그러다가 결국 두 사람은 헤어지고 말았습니다.

그 후 남자와 여자는 여전히 자신의 절반을 채워 줄 사람을 애타게 찾아 헤맸습니다. 운명과도 같은 인연을 다시 만났지만, 또 얼마 지나지 않아 헤어지고 말았습니다. 그렇게 만남과 헤어짐을 반복했습니다. 끝내 두 사람은 자신의 인연을 만나지 못했습니다.

그 두 사람은 알지 못했던 것입니다. 절반과 절반이 모여 하나가 되는 것이 아니라 각각 완전한 하나가 모여 더욱 완전한 하나가 된다는 사실을…….

세상에서 가장 부정적인 점을 나도 가지고 있고 세상에서 가장 긍정적인 점을 상대방도 갖고 있다는 사실을 알지 못했던 것입니다.

도대체 행복은 어디에 있는 거야

속도를 높일수록 멀어지는 것

도대체 어디까지 가려고 합니까? 언제까지 방황하며 헤맬 겁니까?

빛의 속도로 달려간다 해도 찾지 못할 수도 있습니다. 오히려 속도를 높이면 높일수록 그것과 더 멀어질 수도 있습니다.

당신이 찾는 것, 당신이 원하는 것, 당신을 웃게 하는 것, 당신을 기운 나게 하는 것. 그것은 '저기'가 아니라 바로 '여기'에 있기 때문입니다.

어쩌면 이미 당신은 그것과 만난 적이 있는지도 모릅니다. 그것이 바지춤을 잡으며 같이 있자고 매달렸는지도 모릅니다. 그러나 당신은 그토록 애타게 찾아왔던 그것이 설마 이렇게 가까이 있을까 하고 그냥 무시하거나 지나쳐 버렸는지도 모릅니다. 그것은 예전이나 지금이나 먼 훗날에도 여전히 당신 곁에 있을 것입니다. 문제는 당신이 그것을 알아봐 주지 못한다는 것에 있습니다. 눈높이가 너무 높고 기대치가 너무 높은 탓일 겁니다.

몸을 낮추고 마음을 열고 주위를 둘러보세요. 가까운 사람과 눈을 마주치며 얘기를 나눠 보세요. 웃을 거리를 찾기 전에 미리 웃어 보세요. 할 수 있는 만큼의 계획을 짜서 그 목표를 이뤄 보세요. 하늘을 바라보고 꽃향기를 가슴에 담아 보세요. 아이들의 눈망울에 내 어린 시절의 추억을 담아 보세요. 귓불에 와 닿은 바람을 눈을 감고 느껴 보세요. 그리고 가슴 속에 품었던 흐트러진 꿈의 조각들을 새롭게 맞춰 보세요.

찾으셨나요? 행복을.
느껴지시나요? 행복한 마음이.
행복하시나요? 지금 이 순간.
만족하시나요? 작고 사소한 것들까지.

당신은
이 세상에서
가장
행복한 사람입니다.

999.9 FINE GOLD
999.9 FINE GOLD

브브링

아, 혀끝에 닿았다 맛있는 솜사탕

내 가슴은 아직 뜨거운데

왜 오시나요.
온다는 소리도 없이,
눈치코치도 없이,
왜 그렇게 왈칵 오시나요.

며칠만 더,
며칠만 더디게 오시지
왜 그렇게 성큼 오시나요.

아직도
같이 눈길 걸어갈 사람 없는데,
아직도
잊지 못한 내 가슴은 뜨거운데

왜 당신은
허락도 받지 않고
뭐가 그리 급하다고
이렇게 오고야 마셨나요.
차마, 허공을 붙들지 않으셨나요.

그대가 그리울 땐, 구두를 신을 게요

그대가 사 준 새 구두

그대가 사 준 새 구두,
걸을 때마다
뒤꿈치가 까져서 쓰리다.
한 걸음, 한 걸음 내디딜 때마다
그대 사랑,
야금,
야금,
내 그리움을 갉아먹는다.

크크봉

딸기 셰이크보다 더 달콤했던 그대

그대와 보낸 달콤했던 여름

지난 것들은 모두 그립기 마련입니다. 또한 지금 내게 없는 것이라면 더 그립기 마련입니다.

연일 눈이 내리고 강한 바람이 붑니다. 이번 겨울은 혹독합니다. 추위에 두 손 두 발 다 들었습니다. 감기에게 포박을 당했고 감기약 때문인지 머리가 몽롱해집니다. 언제 이 눈이 그치고 바람이 멈추고 햇살이 다시 찾아올까요. 여름이 그리워집니다. 하지만 생각해 보면 지금 한층 더 그리운 것은 햇살 좋은 여름이 아니라 그 시절에 그대와 함께 딸기 셰이크를 마시며 보냈던 그 애틋한 여름날의 시간입니다.

내 마음을 더 이상 가둘 수 없어

사랑은 글이 되어

세상에서 가장 긴 연애편지를 아십니까?
화가 마르셀 레쿠르트가 자신의 애인에게 쓴 편지,
그것이 바로 세상에서 가장 긴 연애편지입니다.
그러나 어마어마한 분량의 편지에 담긴 내용은
오직 '나는 당신을 사랑합니다!'라는
단 한 줄의 문구뿐이었습니다.
즉, 그의 편지지에는 '나는 당신을 사랑합니다!'라는
문장만 자그마치 187만 5천 번이나
반복해 적혀 있었던 것입니다.

왜 그랬을까요?

그는 왜 '나는 당신을 사랑합니다!'라는 문장 하나만으로
그 엄청난 분량의 편지지를 가득 채웠던 걸까요?
사람들은 궁금해서 마르셀 레쿠르트에게 물었습니다.
"이 편지를 쓴 특별한 이유라도 있습니까?"
그러자 마르셀은 대답했습니다.
"사랑한다는 나의 말은 그녀에게 닿지 못했소.
그녀는 귀가 들리지 않거든요."

편지에 관한 재미있는 일화를 하나 더 소개합니다.
결혼을 한 남자가 있었습니다.
그런데 어떤 이유인지는 몰라도 그의 아내는 그와
무려 500킬로미터나 떨어진 곳에 살았습니다.
그 남자는 아내에 대한 그리움을 편지로 대신했습니다.
그러나 편지를 부칠 수가 없었습니다.
편지의 길이가 무려 270미터에 달하는 터라
발송 자체가 불가능했던 것입니다.

얼마나 그리움이 사무쳤던 걸까요.
아무리 지나쳐도 모자라는 것이 사랑입니다.
수천수만 번을 반복해도 부족한 것이 바로 사랑입니다.
누군가를 사랑하게 되면 자꾸 그걸 말하고 싶어집니다.

다섯 번째, 너와 나의 얼굴에서 '행복의 미소'가 톡,

그것도 그때그때 실시간으로 전하고 싶어집니다.

비가 촉촉이 창가를 적시는 날,
당신도 사랑하는 이에게 어여쁜 연애편지 한 장
띄워 보는 건 어떨까요!

NO.SIX

여섯 번째,

바쁜 일상에서 '쉼표'가 톡,

이제 좀 자유롭고 싶어.
그동안 지겹게도 붙어 다녔지.
물론 아쉬울 거야.
그립기도 하겠지.

쿨하게 서로를 보내 주자.
혼자서 지낼 나이가 됐고
그래야 하잖아.
언제까지 징징댈 순 없잖아.

채우려면 먼저 비워야 하는 법이잖아.
인생, 그게 어차피 혼자의 몫이야.
힘들 때, 좋았던 시절 생각하며 힘내고
이제는 독립적으로,
자주적으로 멋지게 살자.

크크봉

때론 빨간 운동화도 신어야 해

소심한 도발

내게 절대로 일어날 수 없는 몇 가지 일들이 있습니다.

가령, 무대 중앙으로 나가 머리를 미친 듯이 흔들어 대며 테크노 댄스를 춘다든지, 아니면 머리카락을 한 올도 남기지 않고 노랗게 염색 한다든지, 그것도 아니라면 사람이 북적대는 거리 한·복판에서 사랑하는 이와 진하게 키스를 하는 것입니다.

이런 일들은 나와는 전혀 상관없는 일이며 절대 일어날 수 없는 일이라고 생각합니다. 왠지 나에게 어울리지 않는 행동이지요. 그러나 생각해 보면 왜 그런 행동을 하면 안 되는지에 대한 이유는 딱히 없습니다. 살아오는 동안 그런 일이 없었기 때문에 앞으로도 없어야 한다는 암묵적인 포기인지도 모릅니다. 하지만 이 세상에 정해진 건 없습니다. 지금껏 살아왔던 방식과 생각으로 살라는 법도 없지요.

요즘 내 삶에 소심한 변화가 찾아왔습니다.

도저히 일어날 수 없는 일이 일어난 것입니다. 며칠 전, 후배들에게 끌려가다시피 클럽이란 곳에 간 적이 있습니다. 요란한 음악소리, 어둑한 조명, 비좁은 공간……. 어찌나 어색하고 쑥스럽고 불편하던지 정말 몸 둘 바를 몰랐습니다. 이런 곳에서 가만히 서 있는 것이 오히려 미친 사람 취급 받으니 어쩔 수 없이 몸을 움직였습니다. 움직이다 보니 춤추게 되었고 사람들과 자연스럽게 어울리게 되었습니다. 이 공간에 있다는 게 어색하지 않음을 느꼈습니다.

그러고 보면 많은 사람들이 틀에 박힌 삶을 살고 있습니다. 도발이나 변화를 두려워하고 있습니다. 때론 남의 시선에서 자유로울 필요도 있고 자기 자신에게도 다양한 경험을 시켜 줄 의무가 있는 것입니다.

내친 김에 미장원에 갔습니다.

머리 중간 중간을 노란색으로 염색을 했습니다. 염색약이 서서히 흘러 두피까지 닿을 때의 그 촉감이 어찌나 상쾌하고 가슴이 설레는지 침만 꿀꺽 삼켰습니다. 몇 시간이 지난 뒤 거울에 비친 한 명의 얼굴, 행복해 보이는지 입가에 미소가 번집

니다.

뚜껑 열린 스포츠카, 빨간 운동화, 빡빡머리, 와인바, 아이돌 팬클럽 등등.

내게 금지되었던 것들이나 어울리지 않을 거라 생각했던 것들을 하나 둘 시도해 보는 것, 거기에서 오는 묘한 쾌감. 그런 것들이 인행을 행복으로 이끕니다.

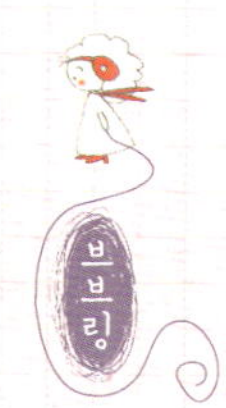

치워도 치워도 정리가 안 돼

익숙한 것이 주는 고통

모든 걸 다 버렸습니다. 책들도, 가방도, 모자도, 편지도, 영화 티켓도, 사진들도 그리고 추억도 기억도 시간들도……. 관련된 것 모두, 아니 스쳐 지나간 것까지 남김없이 정리했습니다.

하나 둘 정리하다 보니 휴지통 하나 가득 차오릅니다. 이렇게 많은 것들이 그동안 내 인생을 흔들어 놓았구나 생각을 하니 씁쓸한 생각이 듭니다.

이제 새롭게 출발하려 합니다. 지난 것들은 어차피 내 것이 아니니까. 흘러간 것들은 다시 거슬러 흐르지 않으니까. 이렇게 정리를 하고 나니 마음이 홀가분하고 차라리 잘됐다 싶기도

정리의 기술 69

합니다. 왜 그동안 한 곳만 바라보고 살았는지 내 자신이 한심하게 느껴지기도 합니다.

내일이면 생각은 나겠지요. 익숙한 것들과의 결별이 쉽지는 않을 테니까요. 문득 문득 생각이 나 왈칵 눈물이 흐르는 날도 있겠지요. 작은 일에도 짜증이 나고 누가 말을 걸어와도 귀찮게 느껴지겠지요. 그렇지만 믿습니다. 하루가 지나고 이틀이 지나고, 조금 시간이 더 흐르면 예민하고 신경질적인 감정도 점점 무뎌지고 무감각해지리라는 것을.

현관문에 기댄 채 서 있는 쓰레기봉투를 바라봅니다.
그래, 잘 가라. 한때 소중했던 시간들아.
쿨하게 보내고 스마트하게 살아야지.
아프지 않게, 다치지 않게.

세워 놓은 쓰레기봉투가 점점 기울어집니다. 그러더니 곧 쓰러져 버리고 맙니다. 버텨 보겠다고 질질 시간 끄는 걸까요. 아니면 내 마음이 그런 걸까요. 쉽사리 버리지 못합니다. 정리한 줄 알았는데 정리했다 생각했는데 여전히.

잠깐, 멈춰

악보에 쉼표 하나만 있었어도

어느 날, 한 가수가 집에서 죽었습니다.

경찰관은 집안을 샅샅이 수색했습니다. 강도도, 누군가 침입한 흔적도, 자살의 흔적도 전혀 없었습니다.

잠시 뒤, 경찰관은 책상 위에서 악보 하나를 집어 들었습니다.

"아, 노래를 하다가 죽은 것이군!"

그 악보에는 수많은 음표만 있었을 뿐 쉼표가 하나도 없었습니다.

잠깐 쉼표 그리고 천천히.

방황이 길어져도, 아픔이 깊어져도, 늪에 빠져 허우적거려도
크게 지장은 없습니다. 늦지도 않습니다.
목적지가 정해져 있는 한
잠깐 멈춤은 낙오가 아니라, 실패가 아니라,
더 큰 걸음을 걷기 위한 달콤한 쉼입니다.
더 높은 음을 내기 위한 일시적인 호흡 고르기입니다.

나무 그늘에서 잠시 쉬었다 가세요.
그늘이 참 그윽합니다.
참 포근합니다.
참 다정하네요.

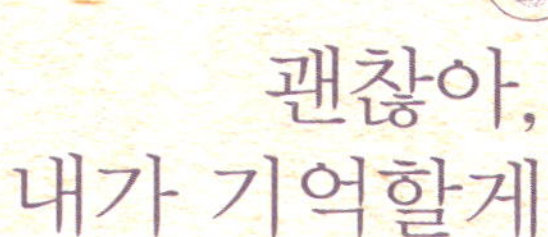

소외된 것들을 위하여

모두 다 꽃만을 기억할 뿐
그 꽃을 담고 있는 꽃병은 알아주지 않습니다.

모두 다 별만을 올려 볼 뿐
별과 별 사이의 어둠은 있는지도 모릅니다.

모두 다 연극배우에게만 박수를 보낼 뿐
무대 위에 대못으로 박아 세운 소나무 소품에게는
눈길조차 주지 않습니다.

여섯 번째, 바쁜 일상에서 '쉼표'가 톡,

모두 다 엘리베이터의 편리함만 알 뿐
계단의 우직함은 모릅니다.

모두 다 흔들거리는 갈대를 사랑할 뿐
갈대밭에 사는 바람을 기억하지 않습니다.

모두 다 이루어진 사랑만 축하할 뿐
이루지 못한, 그리움만 간직한
애달픈 사랑은 까마득히 알지 못합니다.

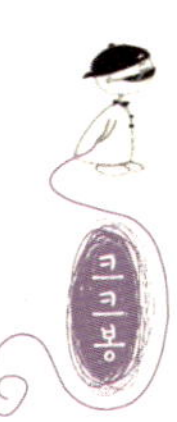

저 불빛 좀 봐, 우리를 기다리고 있어

'3할 6푼 7리'가 주는 위로

하는 일마다 실패를 거듭하는 한 젊은이가 신부를 찾아왔습니다.

"신부님, 못 살겠어요. 모든 일이든 전 늘 실패만 합니다."

울며 하소연하는 청년을 바라보며 신부가 입을 열었습니다.

"지금 당장 도서관으로 가서 『세계 연감』 720 쪽을 찾아보세요."

청년은 즉시 도서관으로 향했습니다. 청년은 『세계 연감』 720쪽을 펼쳐 보고는 고개를 갸우뚱거렸습니다. 거기에는 최고의 야구 선수인 타이 콥의 프로 통산타율인 '3할 6푼 7리'

라는 기록만 실려 있었을 뿐 자신에게 용기와 희망을 줄 만한 글이 전혀 없었던 것입니다.

'야구 선수의 타율? 내게 무슨 상관이지?'

크게 실망한 청년은 다시 신부를 찾아갔습니다.

"신부님, 가르쳐 주신 대로 도서관에 가서 『세계 연감』을 찾아보았지만 아무런 깨달음도 얻지 못했습니다. 타이 콥의 통산 타율이 도대체 제게 무슨 도움이 된다는 거죠?"

신부는 침착하게 대답했습니다.

"가장 우수한 선수도 3할 6푼 7리에 불과합니다. 그가 타석에 섰을 때 한 번은 안타를 쳤지만 세 번 중 두 번은 아웃을 당했다는 뜻입니다."

'……!!!'

포기와 도전, 당신은 살아가면서 언제나 이 두 가지 앞에서 선택을 해야 합니다. 포기하면 모든 것은 멈추기 때문에 어쩌면 고통도 멈출지 모릅니다. 반면 포기하지 않고 계속해서 나아간다면 어쩌면 지금보다 더 힘겨운 일을 겪게 될지도 모릅니다. 뻔히 아는 사실임에도 불구하고 당신은 도전을 선택해야 합니다. 그 이유는 다른 게 없습니다.

당신이기 때문입니다. 당신은 아직도 당신의 모든 것을 다 보여 주지 않았기 때문입니다. 당신은 그 어떤 어려움도 극복할 수 있는 위대한 가능성을 타고났기 때문입니다.

분노야,
빨리 식어라

분노라는 무기

누구나 '분노', '짜증', '우울', '기쁨', '슬픔', '행복감' 등의 다양한 감정 색깔을 갖고 있습니다. 어떤 상황과 만났을 때 이런 감정 색깔은 가슴 밖으로 표출이 됩니다. 가슴속에 담겨 있는 감정이 밖으로 흘러나오는 것은 당연한 현상입니다. 그러나 부정적인 감정, 특히 분노를 표출할 때는 신중해야 합니다.

분노가 내 가슴을 떠나는 순간, 타인은 물론 자칫 자기 자신까지 다칠 수도 있습니다. 다른 무기는 사람들이 사용하지만 분노라는 무기는 반대로 사람을 사용합니다.

고대 그리스 철학자 피타고라스는 이렇게 말했습니다.

“사람은 격분한 상황에서는 이성적으로 판단하고 행동할 수 없다. 분노는 어리석음에서 시작되어 후회로 끝난다.”

분노하지 말고, 차분히 생각하고, 너그럽게 안아 주세요. 그 사람이 그렇게밖에 할 수 없었던 건 어쩌면 당신보다 부족했기 때문일 수도 있습니다. 당신이 부러워서 그랬던 건지도 모릅니다. 그러니 묻지도 따지지도 말고 그저 그 사람을 넉넉히 품어 주는 것, 그게 당신이나 그 사람을 위해 더더욱 값진 일이 될 것입니다.

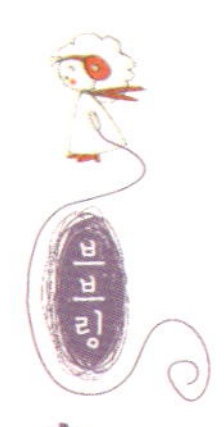

내 모습은 어떻게 보일까

눈먼 아버지의 지혜

세상에서 가장 좋은 벗은 나 자신이며
가장 나쁜 벗도 나 자신이다.
나를 구할 수 있는 가장 큰 힘도
내 안에 있으며
나를 해치는 가장 무서운 칼도
내 안에 있다.
이 두 가지 자신 중 어느 것을 좇느냐에 따라
운명이 결정된다.

여섯 번째, 바쁜 일상에서 '쉼표'가 톡,

—월만

어느 조그만 섬마을에서 이십 년 넘게 살아온 한 청년이 그곳을 떠나 도시로 나가기로 마음을 먹었습니다.

사실 그 결정을 내리기가 그리 쉬운 일은 아니었습니다. 청년에게는 앞을 거의 보지 못하는 아버지가 계셨기 때문입니다.

"내 걱정하지 말고 도시로 가거라. 그동안 얼마나 답답했니. 내 걱정은 하지 말고 도시로 가라."

"눈도 이렇게 안 좋은데 어떻게 혼자서 고기잡이를 하려고 그러세요?"

"눈을 감고도 바다가 내 집 마당처럼 훤히 다 보인다. 그러니 걱정 말고 도시로 가거라. 도시에 나가서 하고 싶은 공부도 맘껏 하고 좋은 사람들도 많이 사귀도록 해라."

청년은 자기 방에서 도시로 떠날 준비를 하고 있었습니다. 모든 준비를 끝내고 잠자리에 들려고 하는데 아버지가 방문을 똑똑똑, 두드렸습니다. 아버지는 안방에 있는 큰 거울을 들고 청년의 방으로 들어왔습니다. 그 거울은 발끝에서 머리끝까지 다 보이는 아주 큰 거울이었습니다.

"거울 앞에 한번 서 보아라."

청년은 영문도 모른 채 거울 앞에 섰습니다.

"섰느냐? 그럼, 거울을 보고 환하게 한번 웃어 보아라."

청년은 머리를 긁적이며 환하게 웃었습니다. 거울 속에 비친 청년의 얼굴도 환하게 웃었습니다.

"그래, 보기 좋구나!"

아버지는 거울을 바라보며 흐뭇한 표정을 지었습니다. 사실, 아버지는 눈이 좋지 않아 거의 아무것도 보이지 않습니다.

"그럼, 이제 얼굴을 찡그려 보아라."

이번에도 청년은 영문도 모른 채 거울을 바라보며 찡그렸습니다. 거울 속에 비친 청년도 얼굴을 찡그렸습니다.

"찡그린 얼굴이 보기가 안 좋구나!"

아버지는 나지막한 목소리로 이어 말했습니다.

"도시에 나가거든 반드시 거울을 보듯 생활하길 바란다. 상대방의 행동을 통해 네 자신을 보란 말이다. 누군가 만일 네게 불친절하게 대하거든 언젠가 너도 누군가에게 불친절하게 대했다고 생각해라. 남에게 섭섭한 말을 듣거든 역시 네가 남을 섭섭하게 한 일이 있었다는 것을 알아야 한단다. 기쁜 일도 마찬가지다. 누가 네게 기쁨으로 다가오거든 네가 다른 사람에게 기쁨으로 다가간 일이 있었다는 것을 기억해라."

청년의 얼굴에는 한 줄기 눈물이 흘렀습니다. 아버지의 따뜻한 가르침과 사랑이 가슴 깊이 전해졌기 때문입니다.

그렇습니다. 삶은 거울과도 같습니다. 다른 사람에게 바라고 원하는 것이 있다면 내가 먼저 그것을 베풀어야 합니다. 또한 다른 사람의 마음을 얻으려거든 내 안의 것을 먼저 거짓 없이 보여줘야 합니다.

삶은 주는 만큼 얻을 수 있는 것입니다.

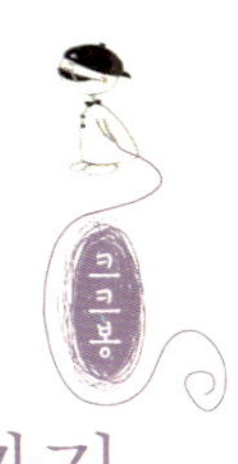

언제까지 기다려야 하나

막차를 기다리며

바람이 출렁이는 버스 정류장에서
막차를 기다리는 동안 내 생에 가장 긴 기다림을 떠올립니다.

서점 옆 전봇대 뒤에서 한 사람만을 그리워했던 애달픈 나날.
말 한마디 건네지 못하고 그저 기다림에만 충실했던 바보.
내 청춘을 산산이 무너뜨렸던 노란 배추꽃 같은
초라한 시간 앞에서 기다림은 길어야 한다고 어디선가 들었던
그 말로 스스로를 위로하며 기댄 채 그대로
전봇대가 되어 버린

여섯 번째, 바쁜 일상에서 '쉼표'가 톡,

저 아늑한 쓰라림.

막차는 여태 오지 않고 가을 반달만 덩그러니 떠 있고

나는 고개를 돌려
또
찾아올 기다림을
미리 그리워하며.

저 멀리 막차의 게으름을 바라봅니다.

멈추지 말고 곧장 가는 거야

툭툭 털고

“왜 나만 이러는 거야.”

이런 말을 한동안 입에 달고 산 적이 있습니다.

정말이지 하는 일마다 좋지 않은 결과가 나왔습니다. 살 의욕도 나지 않았습니다. 다른 일을 시작해 봤지만 불안함이 엄습해 옵니다. 이번에도 실패하지 않을까 하는 마음에 결국 호떡 뒤집듯 그 일을 또 그만두고 맙니다.

이제는 뭘 해야 할지도 모르겠습니다. 벌써 그들은 저만치 앞서 가는데……. 부럽기도 하고 질투가 나기도 합니다. 아니, 가장 먼저 나 자신에게 화가 납니다. 내 능력은 여기까지인가. 왜 나에

겐 경쟁자를 압도할 만큼 확실한 재능이 없는가.

바보입니다. 이런 생각을 한다는 것이 참 어리석습니다.

생각해 보니, 이제까지 살아오면서 뭐 하나 꾸준히 한 일이 없습니다. 이리저리 잔머리만 굴렸지, 주판 알만 튀겼지, 눈치만 보다가 슬쩍 물러났지, 누군가를 탓하기만 했지 뭐하나 제대로 한 번 붙어 본 적이 없습니다. 위기가 닥치면 남의 잘못으로 돌려 그 위기의 순간을 모면하려고만 했지, 책임지려 하지도 주도적으로 나서지도 않았습니다.

답답하고 우울한 날, 미켈란젤로가 내 방으로 들어왔습니다.

그는 내게 말했습니다. '최후의 심판'이라는 작품을 그리는 데 무려 8년이라는 시간을 투자했다고, 그가 나가고 이어 레오나르도 다빈치가 들어왔습니다. 그 역시 내게 말했습니다. '최후의 만찬'을 그리는 데 일생이 걸렸다고. 눈을 떠 보니 그들은 보이지 않았습니다.

성공, 그것은 시간과의 싸움입니다. 나 자신과의 싸움입니다.

멈추는 순간, 세상도 멈추고 인생도 멈춥니다. 더디지만 포기하지 않고 꾸준히 걸어가는 것, 자기 자신을 의심하지 않는 것, 수시로 찾아오는 불안함을 덤덤히 밀어내는 것, 그리고 꿈을 놓지 않는 것. 그게 바로, 그러면 그게 언젠가는.

일어나기로 했습니다.
툭툭 털고 다시 한 번 더 일어나기로 했습니다.

여섯 번째, 바쁜 일상에서 '쉼표'가 톡,

파란색
도화지에 뭘 그릴까

Stand-by

한 아이가 흰 도화지를 보며 끙끙대고 있습니다.

다른 아이들은 이미 그림을 다 완성했지만 그 아이의 도화지는 여전히 백지 상태입니다.

어느덧 시간이 흘러, 미술 시간이 끝나고 말았습니다. 아무 그림도 그리지 못한 아이는 한숨을 내쉬었습니다. 선생님께 혼날 것이 걱정이 되었습니다.

선생님이 아이에게 다가왔습니다. 선생님은 아이의 어깨를 토닥거리며 다정하게 말했습니다.

"괜찮아! 그리고 싶은 게 너무 많아서 그런 거지?"

당신의 스케치북에는 지금 어떤 그림이 그려져 있습니까?

텅 비어 있다고 너무 조급하게 생각하지 마세요. 텅 비어 있다는 건 무능력한 게 아니라 남보다 채울 수 있는 가능성이 훨씬 더 크다는 얘기입니다.

천천히 꿈꾸세요. 허나, 꿈을 버리진 마세요. 구름 낀 날이라고 해서 꿈이 사라진 건 아닙니다. 볼 수 없지만, 손에 잡히진 않지만 언제나 거기서, 기다리고 있습니다. 당신이 다시 시작한다면 꿈은 당신이 빛날 수 있도록 스탠바이하고 있습니다.

천천히,
그렇지만 진지하게.

인생의 스케치북에 무슨 그림, 무슨 색깔을 칠할지 생각해 보세요. 당신만이 그릴 수 있는 그림이 분명 있을 겁니다.

여섯 번째, 바쁜 일상에서 '쉼표'가 톡,

너의 이름을 가슴 깊이 새길 거야

영원히 사랑이 지워지지 않는 자리

사랑한다는 말을 강물 위에 적어 놓았습니다.

며칠 후, 그 자리에 가 보니 사랑한다는 말은 사라지고 없었습니다.

사랑한다는 말을 구름에 적어 놓았습니다.

며칠 후, 하늘을 보니 사랑한다고 적은 구름이 온데간데없이 사라져 버렸습니다.

이번에는 사랑한다는 말을 길바닥에 적어 놓았습니다.

며칠 후, 그곳에 가 보니 사람들의 발자국에 내 마음이 밟혀 문드러져 있었습니다.

어떻게 하면 될까.

그대 이름과 함께 사랑한다는 말,
끝내 내 가슴에 새겼습니다.

며칠 후, 내 가슴을 들여다보니 그 말은 그대로 있었습니다.

사랑, 그것은 건네는 게 아니라 가슴 깊이 품고 수시로 가꾸고 영원히 지키는 것임을 이제 어렴풋하게나마 알 것 같습니다.

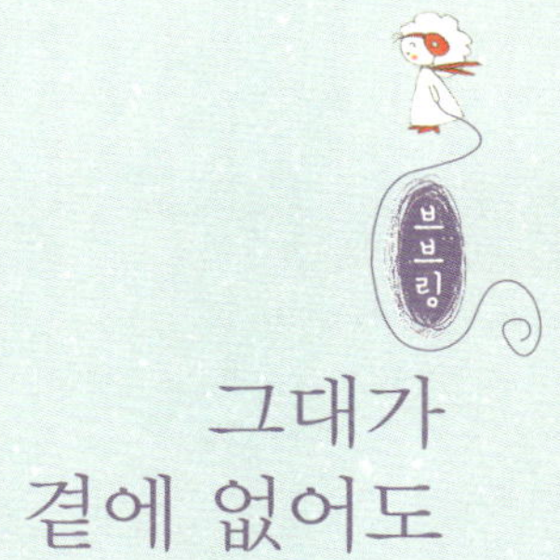

그대가
곁에 없어도

그냥 그대

하늘연못에 연꽃 하나 피었습니다.
연꽃 위에 잠자리 한 마리 앉았습니다.
잠자리 등에 아기 잠자리 또 앉았습니다.
한참을 바라보다가 그냥 그대가 떠올랐습니다.
지금은 없지만 그래도 함께 있습니다.
좋습니다. 참 좋습니다.
그냥 그대가 참 좋습니다.

여섯 번째, 바쁜 일상에서 '쉼표'가 톡,

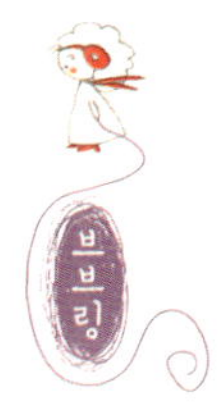

말보다 행동으로 보여 줄 거야

천 마디의 말보다 한 번의 행동을

행동하여라. 행동하여라.
이 살아 있는 현재에 마음속엔 사랑을 품고
머리 위엔 신을 모시고 영원에서 나서 영원으로 돌아가는
이 하루가 우리 생애의 전부라고 믿고
이 허락된 하루의 생을 고상하고 용감하게 살도록
최선을 다하여라.

—롱펠로

어떤 젊은이가 강가에서 낚시질을 하다가 발을 헛디뎌 그만 강물에 풍덩 빠지고 말았습니다.

“사람 살려! 사람 살려요!”
강가를 걸어가던 나그네가 황급히 뛰어왔습니다.
“이 사람아! 강가에 오면 조심해야지. 왜 그 모양인가?
강가에서는 앞뒤를 잘 살펴야 한단 말일세.”
“사람 살려요! 제발 좀 구해 달란 말이요!”
하지만 나그네는 물에 빠진 젊은이를 끌어 낼
생각은 하지 않고
계속 핀잔만 늘어놓았습니다.
“이 답답한 사람아! 입으로만 살려 달라고
소리를 치면 뭐 하나?
헤엄을 쳐서 강가로 나오란 말이야!”

나그네는 그렇게 쉬지 않고 떠들어 댔고,
필사적으로 허우적거리던 젊은이는 끝내 힘이 빠져
물속으로 가라앉고 말았습니다.

천 마디 좋은 말을 해도 그것이 행동으로
옮겨지지 않으면 소용이 없습니다.

말을 행동으로 옮기는 게 말처럼 쉬운 일은 아니지만
그래도 말과 행동의 간격이 멀어지지 않도록
끊임없이 노력해야 합니다.

산다는 것은 호흡하는 것이 아니라
행동하는 것이기 때문입니다.